现代化视域下
职业教育思想与实践研究

孙列梅◎著

中国出版集团 现代出版社

图书在版编目(CIP)数据

现代化视域下职业教育思想与实践研究 / 孙列梅著
. -- 北京 : 现代出版社, 2022.11
ISBN 978-7-5231-0058-5

Ⅰ. ①现… Ⅱ. ①孙… Ⅲ. ①职业教育－研究 Ⅳ.
①G71

中国版本图书馆CIP数据核字(2022)第222958号

现代化视域下职业教育思想与实践研究

著　　者	孙列梅	
责任编辑	杜丙玉	
出版发行	现代出版社	
地　　址	北京市安定门外安华里504号	
邮政编辑	100011	
电　　话	010-64267325　64245264(传真)	
网　　址	www.1980xd.com	
电子邮箱	xiandai@vip.sina.com	
印　　刷	山东世纪开元电子商务集团有限公司	
开　　本	787mm×1092mm　　1/16	
印　　张	10	
字　　数	150千字	
版　　次	2022年11月第1版　2022年11月第1次印刷	
书　　号	ISBN 978-7-5231-0058-5	
定　　价	52.00元	

✦ 作者简介 ✦

　　孙列梅,女(1974.10),山西平遥人,工作单位:山西工程科技职业大学,哲学硕士,讲师,主要从事思想政治教育研究,任职以来主讲过《毛泽东思想概论》《邓小平理论与"三个代表"重要思想概论》《思想道德修养与法律基础》《毛泽东思想和中国特色社会主义理论体系概论》等课程。曾在《山西日报》发表论文两篇,《山西高等学校社会科学学报》发表论文一篇,在其他省级刊物发表论文多篇,参与省级相关课题十余项。

❖ 前 言 ❖

  21世纪是全球经济和知识经济时代,是科技迅猛发展、信息急剧裂变、知识更替日新月异的时代。时代在进步,科学技术作为第一生产力,教育作为传播科学技术的重要方式之一,对于促进人类社会的进步有着举足轻重的作用。审视近代世界主要国家兴衰的原因,表面上是经济实力和军事力量的较量,深层次则为科技水平的角逐,实质上是人才的竞争,归根结底要看教育积淀的薄厚。当今时代,谁把握了世界科技进步的脉搏,谁就会赢得社会发展的主动权。高等职业教育,作为高等教育的一个重要组成部分,在科技成果转化为直接生产力方面,比之普通高等教育,有着其独特的作用。

  我国的现代化建设,就是要在邓小平理论指导下把国家建设成为富强、民主、文明的社会主义国家。总的来说,我国的现代化包含两方面内容,即物的现代化和人的现代化,两者相辅相成。人是社会活动的主体,物是人创造出来的,又是通过人加以利用的,因此,人的现代化比物的现代化更加重要。国家要实现现代化,首先要求教育要实现现代化,只有人实现了现代化,才有可能实现真正的现代化。提高适龄人口中受过高等教育的比例已是我国现代化建设的关键问题,我们迫切需要培养更多、更高质量的受过高等教育的人才。人的现代化是国家现代化必不可少的因素,它并不是现代化过程结束后的副产品,而是现代化制度与经济赖以长期发展并取得成功的先决条件。

发展高等职业教育现已成为当前我国教育界的一大热点问题,但是什么是高等职业教育、要办什么样的高等职业教育这个问题一直是被广大学者争论不止的,具体上,对于这一类型教育在整个教育体系中究竟应如何定位,它与普通高等教育的本质区别应如何理解,其培养目标和发展途径以及招生对象、办学模式、课程计划应如何确定等,认识都很不一致。由此产生的争论对于我们发展高等职业教育的实际工作已产生了不利的影响,迫切需要采用一种能够得到较为普遍认可的标准,来为高等职业教育寻找一个准确的定位。

本专著以现代化视域下职业教育思想与实践研究为研究对象,从职业教育的现代化入手,介绍了现代化视域下的职业教育思想、大学生职业观教育的内容,根据现代化视域下职业教育思想的启发,研究了高等职业教育专业课程目标开发和现代农村劳动力职业教育培训的实践内容,一方面满足了相关专业学习人员对于高等职业教育研究的参考,另一方面为我国职业教育的良好发展提供了对策,具有出版价值。

❖ 目 录 ❖

第一章 现代化与职业教育概述 ⋯⋯⋯⋯⋯⋯⋯⋯001

　第一节 现代化与职业教育的含义 ⋯⋯⋯⋯⋯001

　第二节 职业教育与现代化建设的关系 ⋯⋯⋯005

　第三节 职业教育在现代化建设中的作用 ⋯⋯010

　第四节 职业教育的现代化 ⋯⋯⋯⋯⋯⋯⋯⋯016

第二章 现代化视域下的职业教育思想 ⋯⋯⋯021

　第一节 职业教育思想的理论内涵 ⋯⋯⋯⋯⋯021

　第二节 职业教育思想的核心内容 ⋯⋯⋯⋯⋯025

　第三节 职业教育思想的内在逻辑 ⋯⋯⋯⋯⋯030

　第四节 职业教育思想的思维特征 ⋯⋯⋯⋯⋯033

第三章 现代化视域下大学生职业观教育的内容 ⋯⋯037

　第一节 大学生职业选择观教育 ⋯⋯⋯⋯⋯⋯037

　第二节 大学生职业发展观教育 ⋯⋯⋯⋯⋯⋯053

　第三节 大学生职业道德观教育 ⋯⋯⋯⋯⋯⋯061

　第四节 大学生职业价值观教育 ⋯⋯⋯⋯⋯⋯067

第四章 现代化视域下职业教育思想的启发 ⋯⋯075

　第一节 与时俱进,树立现代职业教育理念 ⋯⋯075

　第二节 以人为本,加强职业道德教育 ⋯⋯⋯078

　第三节 面向社会,完善职业教育体系 ⋯⋯⋯081

第四节 大力发展农村职业教育 …………………………………084

第五章 现代化视域下的高等职业教育专业课程
　　　　目标开发实践 …………………………………………088

第一节 高职人才培养目标与专业课程目标 …………………088

第二节 高职专业课程目标开发的现状及问题 ………………091

第三节 高职专业课程目标的开发与制定 ……………………095

第六章 现代农村劳动力职业教育培训实践 …………………108

第一节 现代农村劳动力职业教育培训问题概述 ……………108

第二节 现代农村劳动力职业教育培训的理论基础 …………117

第三节 现代农村劳动力职业教育培训的内容举措 …………125

第四节 现代农村劳动力职业教育培训的境遇及对策 ………137

参考文献 …………………………………………………………150

第一章 现代化与职业教育概述

第一节 现代化与职业教育的含义

一、现代化的含义

现代化通常被认为是社会变迁的一种形式,是一种特殊的社会变革过程,是传统社会向现代社会的转变过程。这种变革,可以改变社会的目标、体制、组织、准则,改变人的信念、态度和价值观;这一转变过程涉及社会和人类生活多方面、多层次的深刻变化。从广度上来讲,现代化可以看作经济领域的工业化、社会领域的城市化和政治领域的民主化的互动过程;从内容上来讲,现代化表现在经济、政治、文化各个方面,它在不同的社会制度下,在不同的国家有不同的表现形式;从深度上来讲,现代化进程涉及物质层、制度层和思想行为层三个层次。

学术界认为,现代化起源于西欧,扩展至北美和欧洲其余地区,然后蔓延到其他地区,包括亚、非、拉美等地。早在20世纪20年代,我国报刊上经常谈论的"西化"与"欧化",就是指的现代化。当时人们认为,西方即欧美列强是现代国家中独立富强的典范,中国要走向独立富强,就只有向西方国家学习,奋起直追,以达到富国强兵的目的,这是中国人早期的现代化思想。今天,人们对现代化的理解已经趋向多元,具体可以归纳为四种:第一种是指近代资本主义兴起后的特定国际关系格局下,经济上落后的国家通过大搞技术革命,在经济和技术上赶上世界先进水平的历史过程;第二种实质上就是工业化,更确切地说,是经济落后国家实现工业化的过程;第三种认为现代化是自然科学革命以来人类急剧变动的过程的统称;第四种认为现代化主要是一种心理态度、价值观和生活方式的改变过程。

二、高等职业教育的概念

我们从联合国教科文组织制定的《国际教育标准分类法》(International Standard Classification of Education, ISCED)中可看到："国际教育标准分类"最新修订本将整个教育体系划分为七个教育层次和三种类型。在七个教育层次中,ISCED0 为学前教育;ISCED1 为第一级教育,即初等教育阶段;ISCED2 为第二级教育第一阶段,即初中教育阶段;ISCED3 为第二级教育第二阶段,即高中教育阶段;ISCED4 为第二级后的非第三级教育,即高中后的非高等教育阶段;ISCED5 为第三级教育第一阶段,即高等教育的专科和本科阶段;ISCED6 为第三级教育第二阶段,即高等教育的研究生阶段。第二、第三、第四教育层次从横向上划分为 A、B、C 三类,A 类是纯为升学做准备的学科型;C 类是为进入劳动市场做准备的直接就业型;B 类则是介于以上两类之间的专业型,或称"中间型"。

高等教育的第五层次也横向划分为 A、B 两类:一类是授予高等研究课程或高级技术专业方面职业(例如:医药、牙科医术、法律、建筑等),另一类并非如此。为了便于表述,前一类被称为 5A,后一类被称为 5B。ISCED5A 层次的课程是第三级课程,它具有较强理论基础并提供足够的资格证书使之能进入高等研究课程和高级技术专业的职业;它的学习周期至少为全日制三年(在第三级教育期间),但典型的学制是四年或更长些;这个导向学位课程的重要方面是集中在某一特殊的学科领域(经济、工程、法律或数学、文学、社会和生物科学、物理科学),但某些有学位的课程具有更加通用的成分。而"ISCED5B 层次的课程实际上是一种职业定向的特殊课程,主要设计成获得某一特殊职业或职业群所需要的实践技术和专门技能——对学习完全合格者通常给予进入劳动市场的有关资格证书"[①]"属于 5B 层次的课程应当符合以下标准:①它比 ISCED5A 更加定向实际工作,更加体现职业特殊性,而且不直接通向高等研究课程。②它的课程持续时间通常比 ISCED5A 短。③它的最少持续年限标准相

---

①郭扬. 从 ISCED 新修订本看高职的学历定位和生源入口问题[J]. 中国职业技术教育,1998(1):17-18.

当于全日制二年,但通常为二至三年。如按学分累计授予学位,需将时间与强度合计后做出比较。④它的课程中有一个重要部分针对某一特殊学科领域(例如:经济、工程、卫生类专业)。⑤进入第三级教育的要求可能限制在某些特殊领域。⑥它提供从事某一项职业的通道。⑦它不直接通向高等研究课程。"①

从以上这几段引文可见,《国际教育标准分类法》最新修订本中的ISCED5B与我国当前所强调要积极发展的高等职业教育,从层次类型到课程特征上看都是一致的。我国高等职业教育应明确定位于ISCED5B,即《国际教育标准分类法》最新修订本中的第三级教育第一阶段——第五层次B类教育。

根据上述分析,我们可以对高等职业教育做如下定义:高等职业教育是以学习某一职业技能,不断提高从业技术水平,培养技能型、工艺型、应用型、实用型高级人才为目的的社会实践活动,它是职业教育的高级阶段,属于高等教育的范畴,是一种特殊类型的高等教育。这一定义包含以下内容。

第一,它属于高等教育的范畴。《中共中央 国务院关于深化教育改革全面推进素质教育的决定》中曾明确指出:高等职业教育是高等教育的重要组成部分。区别于职高、中职等中等教育。高等职业教育是高等教育的一部分,它不局限于大专层次,而且还包括了本科层次甚至研究生层次,具有高层次性。

第二,它是特殊类型的高等教育。普通高等教育着眼于国民素质的提高,重在通过传授知识,培养和训练受教育者的各种思维和能力,使其成为学术型、研究型、工程型等类型的人才。而高等职业教育则不同,有其特殊性。

第三,它与普通教育是相互沟通的。毫无疑问,高等职业教育与初级、中级职业教育共同组成了职业教育的完整体系。但是,发展良好的高等职业教育与普通教育应该是相互沟通的。

通过对高等职业教育概念的分析,我们可以概括出高等职业教育的

---

① 马树超,郭扬.中国高等职业教育 历史的抉择[M].高等教育出版社,2009.

特征,即它区别于其他教育的外在表征,主要有以下六点。

(一)办学机制的社会性

到目前为止,我国现代高等职业教育已形成政府、学校、企业、集体、私人等诸多社会力量联合办学的机制。高等职业教育的实施机构,也由最初的地方性大学独家实施的局面发展为职业大学、普通高等院校、独立设置的成人学校以及综合性、社区性的职业技术学院共同竞争的局面。

(二)培养目标的确定性

高等职业教育具有非常明确的培养目标,就是要培养在生产和服务第一线从事管理和直接运作的高级实用型、技术型人才。与普通教育着眼于国民素质的提高不同,高等职业教育着眼于受教育者毕业后迅速适应工作岗位的需要,明确以职业岗位的需要为基础,对接受过中等职业教育、普通中等教育的青少年以及在职员工或下岗员工进行职业道德和职业能力的培养。

(三)专业与课程设置的职业性

高等职业教育具有明确的培养目标,它以职业岗位的需求为基础,对受教育者进行职业道德和职业能力的培养,使学生毕业后能迅速适应职业岗位的需要。它是以职业岗位为导向、以职业技术能力为基础的新型高等职业教育。正是由于高等职业教育属于职业教育,又由于它以培养高级实用型、技术型人才为目标,其专业设置必然具有很强的职业性。这主要体现在它的课程设置和教学内容上。明确的职业定向性决定了高等职业教育必须从某个职业岗位群出发,进行职业分析,了解构成这一职业岗位工作的主要内容,明确支撑其职业或工作所需的知识与技能,从而确定课程设置与教学内容。

(四)教学过程的实践性

高等职业教育所培养的高级实用型、技术型人才,要到生产和服务第一线从事管理和直接运作。用人单位要求这种人才毕业后能立刻上岗、熟练运作,迅速适应职业岗位的需求。毕业生要达到这种要求,就必须在毕业前进行大量的实践活动,不仅要了解职业岗位的工作套路,而且还要能够进行熟练的操作。这决定了高等职业教育必须执行以职业技能训练和岗位能力培养为中心组织教学的原则,大量采取实践性教学方法。采用多种形式,强化实践教学,较大幅度地增加实践课的比例,使学生有足够的时间来进行实际操作,从而达到与其适应的培养目标。

(五)教学内容的实用性

教学内容的实用性,就是要求紧密结合职业岗位需要,强调生产技术与技能知识的结合,强调现场技术与新工艺的学习。教学内容的实用性不仅体现在专业课程上,同时也体现在基础课程和技术课程上。课程设置与调整,教学内容的删减必须围绕"实用"进行,优化和组建新的课程体系。

(六)师资队伍的双师型

高等职业教育的教师素质要求不同于其他普通高等教育的教师素质要求,它要求教师不仅具有讲师或副教授的理论水平,还应具有技师或工程师的技能水平,即所谓的"双师型"教师,只有这样,才能做到理论讲解深入浅出,操作演示准确无误。此外,高等职业教育的教师还应具有广博宽厚的知识,具有现代人的个性、心理和品质,掌握教育学和心理学原理等。

第二节 职业教育与现代化建设的关系

我国正处在现代化进程中,科学技术发展的日新月异,社会组织的复杂化、劳动分工的多样化趋势必将导致劳动力需求结构的变化。而这些新产生出来的职业岗位,又大多与高科技应用有关,也必须要由相应的高等技术应用型人才来胜任。

一、职业教育是现代化建设发展的必然要求

随着知识经济的到来,带来了现代化社会的科技进步,带来了社会经

济与生活方式的深刻变化,社会发展呈现出"信息化""智力化""知识化"的趋势。经济发展靠人才,人才培养靠教育,综合国力的竞争实际上是科技和民族素质的竞争,归根结底是人才和教育的竞争。在教育已成为国民经济和社会发展全局性、先导性、基础性的关键领域之时,深入开发人力资源,加速培养同现代化要求相适应的数以亿计的高素质劳动者和专门人才,致力构筑国际人才战略的新高地,是现今我国教育改革与发展的必然选择。尤其是在社会的现代化进程中,社会与人同进共荣,在以职业为纽带的人的社会化和社会的人本化、社会的现代化,不仅需要一定数量的专家、领导干部,还需要一大批受过高等职业训练的人,在设计、生产、销售、运行、维修、管理等各方面配套工作,现代社会才能正常运行,现代化的优点才能充分展现。这就需要建立与完善以素质教育为宗旨、以专业教育为基础、以技能培养为本位的"技能化"高等职业教育体系。

同样,中国社会主义现代化建设所需要的专门人才也是多层次、多样化的。党的十九大报告指出,"坚定实施科教兴国战略、人才强国战略","培养造就一大批具有国际水平的战略科技人才、科技领军人才、青年科技人才和高水平创新团队"。因此,高等学校既要培养研究型的科学人才,更要培养应用型的工程人才,还要培养更多的生产、管理、服务第一线的实用型的技术人才。传统的以理论教育为主的本科院校,难以满足多样化的需求,有必要建立以职业技能教育为主的高等职业教育体系。具体从以下两个方面来看。

一方面,从人才的需求方面看,我国经济发展水平目标要达到世界中等发达国家水平,在劳动力整体构成中,需要形成一定的高、中、初级人才结构的梯队,与一定的生产力水平相匹配。随着我国改革开放和现代化建设的不断发展,不仅一些资金、技术密集的行业及经济发达地区对生产服务第一线从业人员的文化、技能、技术水平提出了更高的要求,而且广大农村也急需大量下得去、用得上、留得住的高等实用人才。目前,生产、服务和管理第一线缺乏高层次的实用人才,已成为经济建设和社会发展中的一个突出问题。主要表现在三个方面:一是新的工作岗位不断涌现,智能的密集程度不断提高;二是原有的工作岗位和职务内涵随着科技的进步不断丰富,知识技术层次要求提高;三是一些复合型工作岗位的出现,需要几种专业知识在同一工作岗位上复合应用。我国社会主义市场经济的建立和发展以及现代化建设需要数以万计一专多能的高级人才,发展高等职业教育是培养这类人才的一条重要途径。

另一方面,从我国高等教育结构来看。在我国高等教育结构、布局中,由于历史的原因,应用型人才的培养比较薄弱,传统的以理论教育为主的本科院校,难以满足多样化的人才需求。我国高等教育培养了大量人才,但其规格和类型还不能满足社会对高层次实用人才的需求。而中国的社会主义现代化建设所需要的专门人才是多层次、多样化的,不但需要高级技术专家,而且迫切需要千百万受过良好职业技术教育的高、中级技术人员,管理人员,技工和其他受过良好职业培训的城乡劳动者,没有这样一支劳动技术大军,先进的科学技术和先进的设备就不能成为现实的生产力。

因此,发展高等职业教育反映了经济、科技和社会发展的需要,高等学校既要培养研究型的科学人才,更要培养应用型的工程人才,还要培养更多的生产、管理、服务第一线的实用型的技术人才。只有提高占多数的广大劳动技术大军的素质,才能生产出高质量的产品,提供高效益的服务,才能为现代化建设提供雄厚的基础。

二、职业教育有效推动现代化建设的发展

亿万劳动者的素质高低决定着我国社会知识化与现代化的发展进程,高等职业教育作为准生产力系统,根基在于服务产业经济,其特有的提高从业者职业技能与提高劳动生产率的直接功效,是普通高等教育所不能相比的。

19世纪70年代,人类进入电子时代。当时,很多国家用法律手段来加速职业教育的发展。

1869年,德国第一次颁布了《强迫职业补习教育法》,职业技术教育实行"双轨制"。20世纪初,在很短的时期内,利用职业教育这个"秘密武器",使德国实力一跃超过了英、法等老牌帝国主义国家而闻名于世。

日本在明治维新后不久，于1893年颁布了《职业补习学校条例》，1894年颁布了《国家津贴职业教育法》，1889年颁布了《职业学校令》，1903年颁布了《建立专科学校令》等，倡导教学—科研—生产一体化，从而培养了大批高等职业技术应用人才。1939—1945年，日本国民财富的45%毁于战争，1945年，工业设备的95%闲置，生产资料和消费资料仅分别为战前的10%和30%，农业则更为凄惨。后来，由于日本长期重视职业教育，特别是高等职业教育，在1950—1975年的26年间，大学生人数增长了23倍，因此，1951—1970年20年间，日本工业每年平均增长14%，发电量增加5.1倍，汽车生产增加170倍，造船业增长45倍，农业增长4倍。由于其人才的优势，经过10年的恢复，日本很快进入经济发展的快车道。

美国也十分重视职业技术教育，特别是很早就重视农业职业技术教育。为了推动职业技术教育的发展，1917年通过了《史密斯—休斯法》，又分别于1929年、1946年和1963年通过了《乔治·里德法案》、《乔治·巴登法案》和《职业教育综合法案》，从经济支持上对职业教育的发展起到了很大的推动作用。美国的一些有识之士把对农业人员的职业技术培训看作国家繁荣的命根子，他们称职业教育"壮观地"改善着美国农业的面貌。美国已故总统肯尼迪在通过《职业教育综合法案》时曾说："失业在一年内造成的损失，多于高中教育十二年的费用。不改进教育，不仅是浅薄的社会政策，也是浅薄的经济学。"美国还规定，一切谋求生产技术岗位职务的人都必须有职业技术学校的证书。按照这个规定，没有经过农业专业知识学习和技能培训的人不能当农民，就连农场主的儿子，也不能接管父亲的农场。这可能是美国农业劳动生产率增长较快的重要原因。

英国虽然是第一个实现工业革命的国家，曾有过"日不落帝国"的辉煌，但由于其长期只重视非职业的、博雅的普通教育，只着眼培养"绅士"，看不起职业教育，使职业技术教育发展比较缓慢。因此，19世纪后期，其冶金、机械、化学、电力等重要工业部门，相继被美、德等国超过。

高等职业教育的发展，是日本、德国实现战后经济腾飞的基石和保证。日、德一些专家认为,即使企业受到灭顶之灾,但只要有一大批受过高等职业教育的人才,就能在很短的时间内恢复生产,创造经济奇迹。日本国立高等专门学校协会认为:"为发展科学技术需要培养不同职能的两种类型的技术人员,一是高等专门学校培养的所谓临床型即实践型技术人员;二是一般理工科大学培养的所谓理论先行型技术人员。两种人员缺一不可。临床型即实践型技术人员应具有积极处理生产现场出现的各种问题的行动能力。"德国工业界和教育界的人士提出,为了适应经济的快速发展,迫切需要配套工程技术应用研究和企业管理人才。这种生产第一线的工程技术人员和管理人员的需求量比传统大学培养的侧重理论的人才数量大 1～2 倍。

没有现代化的推动,就没有高等职业教育,而没有高等职业教育的发展,也就没有教育现代化。教育现代化的起步,关键是要发展职业教育,发展职业教育是建立现代型教育模式的需要,是繁荣科学技术的前提条件。国外教育现代化的经验告诉我们:每个教育改革成功的国家,都以积极发展职业教育为先决条件,都建立了系统的职业教育体系,其高等职业教育都有很大的发展,它的职业教育与普通教育都建立了互补、互动的机制,其政府都高度重视职业教育,社会全方位参与和支持职业教育。人是现代化进程中最基本的因素,只有国民在心理、思想、态度和行为上都经历了一场向现代性的转变,形成了现代化人格,这样的社会才能被称作真正的现代社会。高等职业教育是培养人的活动,发展高等职业教育可以增加社会的受教育机会,对个人而言,拓展了受教育者自我发展的渠道,对社会而言,则是提高全体国民的现代性心理素质的重要手段。高等职业教育通过为个人得到职业满足和获得成就创造条件,有效提高人的职业能力,使其更好地胜任所从事的职业;能提高人的应变能力,使其适应现代职业的变化;能提高人的社会化程度,使其与现代社会所认同的价值观相协调。正是高等职业教育担负着培养和提高千百万劳动技术大军的重任,其现代化水平,直接影响着产品的质量和经济效益的提高,制约着国家现代化的进程。

第三节 职业教育在现代化建设中的作用

社会的现代化离不开政治、经济、文化、科技等方面的现代化。过去我们经常把现代化仅仅理解为经济现代化,其实,现代化还应包括政治、文化和人的现代化等,是经济社会的全面现代化。邓小平在探索社会主义现代化的过程中认为,现代化的实现是一个协调发展的过程,它是富强、民主、文明的统一体。他指出:"为了建设现代化的社会主义强国,任务很多,需要做的事情很多,各种任务之间又有相互依存的关系,如像经济与教育、科学、经济与政治、法律等,都有相互依存的关系,不能顾此失彼。"因此,现代化应该是包括社会各个领域的全面现代化。高等职业教育对于现代化建设的突出作用还是要体现在对国家政治、经济、文化、科技等方面的发展所起到的重要作用。

一、高等职业教育对政治发展的作用

(一)促进政治民主,保持政治稳定

高等职业教育使无法进入普通高校的人们得以接受高等教育,解决学生大量被淘汰的问题并培养出数量巨大的合格毕业生,从而使更大范围内的人们接受教育,使教育普及化并且满足了人们终身学习的需求。一个国家普及教育的程度越高,人们的知识越丰富,就越能增强公民意识,认识民主的价值,推崇民主的措施,履行民主的权利,推动政治的改革与进步。高等职业教育正是在此基础上促进着政治的进一步民主化。同时,高等职业教育能够自觉地、有意识地培养受教育者参政议政的意识,增强他们的民主观念和法制观念,同时还提高他们的政治参与能力。而且,高等职业教育中,培养未来工人是其中一个重要的组成部分。而我国是社会主义国家,工人阶级既是领导阶级,又是政治生活的主体。工人阶级的政治意识、政治能力的高低,对我国社会生活将有很大影响。因此,高等职业教育能不断地培养出适应一定政治需求的人才,而这些人才无疑是保证一个国家政治系统正常运转的前提,是一个国家政权稳

定、社会进步的保障。

(二)传递政治意识

高等职业教育是一种有计划、目的、有组织地对受教育者进行思想政治教育和职业道德教育,传授职业知识,培养职业技能,进行职业指导,全面提高受教育者素质的教育活动。高等职业教育通过各种教育教学方式和内容,把一定社会中占统治地位的政治意识传递输入高等职业教育的主题中,把受教育者培养成符合一定社会价值标准的、具备一定人生观和价值观、热爱本行业或本岗位,有远大理想的人才,从而促进政治社会化的过程。同时,高等职业教育由于在政治上的方向性、教育上的有效性,能够有效地使社会成员认同、服从并适应社会的政治关系格局,使这种政治关系在受教育者的头脑中成为一种当然物。高等职业教育还可以通过培养一定的政治人才,使统治阶级的力量得到补充,使现存的政治关系格局得到巩固。从这个意义上来说,高等职业教育还进行着政治关系的再生产。高等职业教育对政治关系的巩固和促进作用,即是对一定的社会制度起着巩固和促进作用,这是高等职业教育对政治反作用的重要方面。

(三)宣传思想意识

不论是在无产阶级专政的社会,还是在资产阶级专政的社会,高等职业教育机构都是宣传政治目标、传播政治思想、制造政治舆论、培养政治骨干的重要场所。通过高等职业教育的各类教育教学活动和内容,能有效地将一定的政治目标和意图传播到社会成员的头脑中。高等职业教育可以通过高职院校这个阵地,通过师生的言论和行动,利用教材内容,向受教育者传输一定的政治、哲学、道德等思想,形成一定的阶级意识与品质;同时,高等职业教育也能够利用社会上的一切宣传机构和媒介,宣传统治阶级的思想,造成一定的社会舆论,对社会风尚、道德面貌以及政治思潮产生影响,借以影响学生,争取群众,从而达到维护社会政治经济制度的目的。

二、高等职业教育对经济发展的作用

(一)促进区域经济的发展

高等职业教育通过培养一批适合本地经济发展需求的、具有创造能力的技术人员和高级应用型专业人才,将科学技术转化为现实的生产力,从而促进社会经济的进步和发展。对于任何一个国家来说,发展社会生产必须拥有一支懂得生产、能够使用现代生产工具,运用先进生产技术的科技人员队伍。假如没有这些科技劳动者,即使拥有先进的生产设备、科技基础,要想构成现实生产力也是不可能的,现代化的管理也不可能有效地实施。而高等职业教育在形成和培训这样的科技人才中发挥着不可或缺的作用。

(二)促进社会经济结构的变化

在我国社会主义建设进入改革开放和高速发展的新时期,经济生活的科技含量迅速增长,国际化程度大大提高,社会对人才需求的规格发生了新的变化。经济发达地区的企业为了不断提高工艺水平和产品更新换代的能力,越来越看重受过高等职业教育的技术和管理人才。由于普通高等学校长期奉行的学科性教育模式,其注重的是学科基本理论体系的完整性和系统性,培养的是科学家、设计师之类的创造型人才,而缺乏造就技师、工程师等实用型人才。正是鉴于普通高等学校毕业生难以胜任社会职业对实用型人才的需求,我们要大力发展高等职业教育,高等职业教育通过培养大量的实用型人才恰恰能满足这一要求。

(三)推动就业

我国人口众多,就业压力始终是我国现代化进程中的一个突出问题。特别是随着产业结构调整,国有企业改革的深入,下岗工人再就业问题已成为各级党政领导时刻关注的大事。同时,农村劳动力的大量转移,就业压力十分巨大。另外,就业的结构性矛盾也十分突出,有一些强调技能和应用型的岗位合格人才奇缺。根据经济增长决定就业增长的基本规律,未来社会的就业需求肯定会呈上升的趋势,而且未来经济发展的增长点主要集中在高新技术领域,即使是基础工作岗位也是需要一定文化水平的人员才能胜任,高职毕业生中将有更多人成为这一新生领域的"技术灰领"。因此,高等职业教育的大力发展,极大地拓宽就业渠道,增加了就业岗位,同时提高劳动者的就业能力和适应职业变化的能力,对解决就业结构性矛盾,实现劳动力资源的重新配置和调整,促进劳动者就业,化解社会矛盾,意义十分重大。

(四)推动高等教育结构和经济结构的改革和完善

社会经济的发展要求高等职业教育的发展必须与之相适应,高等职业教育也要不时调整其内部结构以与社会协调发展。长期以来,高等教育按单一模式培养单一类型人才的状况,随着经济、社会发展和进步,越来越难以适应社会的需求。一方面,生产和服务第一线人才匮乏,严重制约经济建设的发展,人才的需求量很大且很急迫。另一方面,高校的很多毕业生由于知识、能力结构不适应第一线工作,于是出现了人才结构性"过剩"现象。这充分说明了高等教育类型单一的基本格局没有得到根本改变。在这种情况下,1996年9月,《中华人民共和国职业教育法》(以下简称《职业教育法》)的正式实施,确立了高等职业教育的法律地位。而由我国教育部制定的《面向二十一世纪教育振兴行动计划》则明确指出"要大力发展高等职业教育"。至此,国家以法律的形式规定要在现有的高等教育中分化出一种新的高等教育类型——高等职业教育,使之更加适应经济结构的优化发展,从而推动高等教育结构和经济结构的调整,这是许多发达国家高等教育政策和发展的共同趋势,也是我国社会经济发展的必然要求。

三、高等职业教育对文化发展的作用

(一)有利于传承文化

文化的发展首先依靠文化的传承。文化可以物化在各种物质材料上,也可以以语言、文字形式存在,从这一点来说,文化具有客观性,客观的文化只有被人类接受,才能形成具有活力的文化。在高等职业教育活动中,教育者将人类积累起来的文化,经过选择加工成教育语言和文字的形式,在与受教育者的共同活动中传递给受教育者。于是,上一代的文化被传递到下一代,为他们所继承,接受、理解、掌握,成为他们知识经验的新成分。文化的传承在高等职业教育过程中得以实现。由于高职院校的教育过程是有目的、有计划、有组织的活动,教育过程中的文化传递具有系统化、集中化、高效化等特点,因此,高等职业教育把现有的文化不断转化为学习者的知识、能力、行为方式、思想观念,使文化得以

传承。

高等职业教育还可以通过使学生掌握文化传递的手段和工具实现文化的传承。学生通过高等职业教育不仅可以获得文化、继承文化，而且还可以使受教育者掌握获得文化的工具和手段。伴随着社会的前进和科学技术的进步，各种新的文化传媒不断涌现，高等职业教育利用这些传媒高质高效地进行文化传递，同时，也把使用这些传媒的方法教给了学生。于是，学生便可以利用这些新的工具和手段，如电视、录音、录像、电子计算机等去获得课堂以外的文化。

（二）有利于选择文化

文化选择要根据培养人的客观规律进行，在培养人时要符合社会发展需要，也要符合人的发展需要。高等职业教育在培养人时能够遵循这个规律，不是简单地用现成的文化对青少年进行文化传递，而是注重把教育内容加工成青少年易于接受的形式，通过多种途径让青少年进行文化选择。这些途径有通过培养目标选择文化，通过课程标准和教材选择文化，通过教育过程选择文化，通过教师群体选择文化以及通过学校的种种制度选择文化等。

同时，高职院校作为一种专门的文化传播机构，只有那些被认为是优秀的、精粹的文化才能进入学校教育结构。而文化一旦为学校教育所选择，又具有一定的导向作用，因为教育所选择的文化更具有权威性，传播的面更广，影响更大，更易被社会各界所接受。高等职业教育在选择文化的同时，也是一个对文化进行系统化、条理化的过程。高等职业教育的教材编写、教学内容的组织都是对文化资源的加工过程，并使文化更具有规范性。高等职业教育在赋予学习者以科学的知识、解决问题的能力、合理的价值观的同时，也赋予了个体选择文化的能力，使得人们在文化选择中能够具有正确的取向，遵循客观的规律优化选择的过程。

（三）有利于文化的交流

高职院校可以通过学校之间的专家讲学、学术互访、参观考察、资料交流、毕业生工作等方式实现文化交流与传播。高等职业教育在国家之间采用客座教授、专门考察、合作研究、学术会议、专家讲学、人员培训、资料互赠等方式也可以实现文化交流与传播。还能通过信息高速公路进行交流,即国家间传递学术信息的电子计算机网络系统。随着信息高速公路在区域间、国际间的开通,异地的高职院校同时接受教学信息和学术交流信息成为可能。

(四)有利于创造文化

高等职业教育在数量上和质量上培养了一支文化建设的生力军,为文化的创造提供了可能性。高等职业教育作为形成人、发展人的手段,就是利用人类已有的文化成果去影响人、塑造人的个性,把社会文化转化为个体文化,外在文化转化为内在文化,使人由愚昧的野蛮人成为开明的文化人。从这个意义上讲,高等职业教育无限地发掘了人创造文化的潜能,增强了人创造文化的力量。以科学研究为主要形式的文化创造活动正成为现代高等职业教育不可缺少的组成部分。高等职业教育的目标是培养社会主义现代化建设需要的德、智、体全面发展的,为当地社会经济发展第一线服务的高级职业技术和管理人才,同时注重人文素质教育,培养学生的创新能力等,创造性是这种人才应当具备的素质;高等职业教育的内容是高级专门知识,其中包含了许多有争议和尚待进一步探讨的问题和领域;高职院校的学生是具有一定创造潜力的优秀人才,他们思维活跃,富于创造精神;高职院校的教师是某一专业或领域的专家,兼有教学和科研的双重任务;科学研究是高职院校的重要职能;高职院校是国内、国际文化和学术交流的中心。有科学研究就有科技成果,有科技成果就有其在实际中的应用,就有新文化的不断产生。因此,从教育与文化发展的历史来看,高等职业教育创造新文化是积极的、推动社会发展的。尤其是在我国现代化建设的进程中,高等职业教育创造文化及培养现代人才的作用是完全不可估量的。

四、高等职业教育对科技发展的作用

(一)促进科学技术进步

科学技术进步和创新是发展先进生产力的决定因素,实施科教兴国战略,大力推进人才强国战略,就必须培养大量的高素质劳动者和专门人才。科学技术只有经过劳动者的掌握和应用,才能使潜在的生产力转

化为现实的生产力。高等教育尤其是高等职业教育与运用现代科学技术手段和各种有效途径,使受教育者掌握现代科学技术知识,从而培养出高层次的劳动者,保证了科学技术向现实生产力转化的有效进行。

(二)培养科技人才和高层次的专业劳动者

21世纪的国际竞争,集中表现为尖端科技和技术人才的竞争。谁拥有了懂得高精密技术的人才,谁就能够在竞争中获得优势。因此,提高劳动者的素质,培养人才,已成为世界各国发展经济的一项基本国策。《职业教育法》也提出:"发展职业教育,提高劳动者素质。"从世界上许多国家的发展历史可以看到:阻碍经济和社会发展的一个极其重要的因素就是缺少受过良好教育的科学技术人才。在现代国际竞争日益激烈的环境下,如果一国拥有一支训练有素的科技队伍,那将会保证其在竞争中占有优势,也是其经济发展处于不败之地的重要保证。

综上所述,发展高等职业教育是硬道理。21世纪是知识经济占主导地位的现代化时代,社会的现代化首先应是教育的现代化,因为教育的现代化将对社会的文明与发展产生巨大的冲击力。

教育是发展科学和培养人才的基础,在现代化建设中具有先导性、全局性作用,必须摆在优先发展的战略地位,坚持教育为社会主义现代化建设服务,为人民服务,与生产劳动和社会实践相结合,培养德智体美全面发展的社会主义建设者和接班人。高等职业教育实际上是教育事业当中与社会经济发展和人民群众利益联系最为直接最为密切的一部分,切实贯彻党的教育方针、贯彻教育为现代化建设事业服务的宗旨,是我们办好高等职业教育的指导方针。在新时期、新阶段,高等职业教育有很多的机会、很大的空间为现代化建设服务,是可以大有作为的。

第四节 职业教育的现代化

现代化是一个发展的概念,每个时代都有其现代化的标准和标志。高等职业教育的现代化就是用当今先进的办学思想,采用现代化的科学技术手段,把当今先进的科学思想、技术技能传授给受教育者,使其在生活中适应社会需要,进而创造生活。

一、高等职业教育现代化的基本特征

(一)开放性

高等职业教育的现代化是一个超越传统教育局限,与中国四个现代化相适应的,直接与国际教育接轨的开放性的大教育概念。我国在积极推进高等职业教育现代化的进程中,必须加强与各国高等职业教育的交流与合作,从封闭办学走向开放办学,借鉴发达国家高等职业教育发展的成功经验为我所用。开放的目的是在优与劣的差别之间形成势能流动,优胜劣汰,推进我国高等职业教育向更高水平发展。

(二)动态性

随着我国经济体制改革的深入,社会的不断进步,知识经济的来临,对现代劳动者素质及专门人才的要求也越来越高。因此,高等职业教育的现代化程度不会静态地停留在一个水平上,而是随着形势的变化而变化,基于这种认识,高等职业教育的现代化既是高等职业教育发展的目标,也是高等职业教育发展的过程,是目标和过程的有机融合,具有很明显的动态性特征。在我国实现现代化的不同阶段,对高职教育现代化的要求和目标也是不同的。

(三)全时空性

今天,以计算机处理为主的信息技术正在改变着全社会的工作和学习方式,标志着信息化教育时代的到来。在发达国家,通过计算机网络进入大学学习已开始成为现实。这就要求高等职业教育要用全新的思维定式,办好现代化的高等职业教育。现代化的终身教育和全时空的教育系统的建立已不再是一种理念,而是一种现实。高职教育现代化的目标必须体现这一特征。

(四)大众性

高等职业教育大众性最重要的意义是使全社会成员不分民族、种族、性别、年龄、文化背景,都享有接受高职教育的权利。高等职业教育是高等教育向大众性教育发展的主体,它的主要动力不是高等职业教育本身的要求,而是社会、经济、科技发展的需求和公民个人的需要。因此,高职教育现代化的首要任务就是要建立一个既能满足社会、科技、经济发展要求,又能满足广大公民需要的高职教育目标体系。

二、职业教育现代化的主要内容

(一)教育观念现代化

职业教育的现代化必须首先是职业教育观念的现代化。树立客观、全面、科学、体现公平的现代高教观念是高等职业教育走向现代化的第一要求。教育观念的改变,是教育发展的前提。教育观念的现代化,是促进教育现代化的前提,同样,也是使高等职业教育实现现代化的前提。高等职业教育和普通高等教育一样,都是高等教育体系的有机组成部分,前者以培养"技术型人才"为己任,而后者则以"学术目的为主",两者仅是类型之分,而非层次之别。从全球范围来看,尤其是从发达国家举办高职教育的成功经验来看,高职教育不但为举办国的兴旺发达输送了强大的人力资源,而且在世界高等教育中占有一席之地,并日益显示出蓬勃发展的旺盛生命力。我国的高等职业教育要成为高等教育的主力军,就必须在外部环境和内部运行机制方面有所突破和创新,使高职教育真正成为大学生成才的理想途径,提高全民素质的有效基地。

面对新情况、新问题,我们要树立按需办学、主动适应的观念,积极沟通人才市场的供求信息,最大限度地满足生产第一线对高等职业人才提出的质量要求;树立能力本位的观念,以培养学生的职业能力和跨岗位能力作为办学的主要目标,努力提高高等职业人才的适应能力和竞争能力;树立素质教育和创业教育观念,加强学生的职业道德和责任感教育,培养学生的创业品质和创业精神。

(二)师资队伍现代化

加强师资队伍建设是推进高职教育现代化的关键。现代化的高等职业教育必须拥有一支结构合理、素质优良的师资队伍。因此,高等职业教育必须高度重视师资队伍现代化建设,努力提高教师适应高等职业教育现代化需要的职业能力;具有高尚纯洁的道德素质,无私奉献的敬业精神,乐教终身的职业思想,这是高职师资队伍现代化的基本职业素质需求;具有精深熟练的业务素质,专通合一的知识结构,有胆有识,这是高职师资队伍现代化的能力标志。随着知识经济的到来,科技的作用越来越重要,作为高职教师,必须有科技意识和科技素质。唯有这样,才能培养出更多更好的现代化建设需要的高职人才。

(三)教学体系现代化

教学体系现代化是高等职业教育现代化的核心。它涵盖了课程、教材、教法、学法的现代化。课程现代化是高等职业教育现代化的重要标志,是面向21世纪高等职业课程改革的根本任务。主要包括课程观念、课程目标、课程内容、课程结构、课程形式、课程评价等内容。我们不能按部就班地按原来的老样子学习和教学。高等职业教育应把高新技术的开发、操作和管理尽快列入教学内容,使高新技术产品尽快进入教学实训基地,使学生接受最好最快的技术教育,以适应生产第一线的需要。首先要实现教材现代化,它主要体现在吸收科学技术发展的新成果、新知识、新工艺的质和量两个方面。其次,实现教法现代化,关键是在保证学生更好地掌握知识的同时,必须把能力与素质培养放在首位,要研究学生心理,调动学生的内在需求。知识如同海洋,但人之生涯是有限的,学生学习什么、放弃什么,应有理性的选择。在市场经济体制下,选择成为一种能力,是一种比知识更重要的能力。最后,还要实现学法现代化,其核心是指导学生掌握科学的学习方法,学会在未知领域进行创造性的学习,以获取最佳的学习效益。

(四)办学条件现代化

在新的信息技术大发展的20世纪后期,以计算机技术、微电子技术、光电子技术的发展为基础,现代教育技术也得到了很大发展。计算机辅助教育技术已广泛应用于教学,计算机辅助教学向多功能方向发展,多媒体技术的运用、网络技术的普及,使远程教学成为现实。卫星通信、光纤技术等的应用,更使偏远落后地区的教育得以实现。各国或地区竞相发展电视大学(空中大学、开放大学等),这些以培养应用型人才为主的大学,不但吸引了许多成年在职人员,也吸引了许多青年学生。可见,办学条件现代化是高职教育现代化的基础,是衡量一所学校现代化程度的基本标志,是提高高等职业人才质量的基本保证。要推进高等职业教育的现代化建设,办学条件的改善必须放到重要的位置。要重视现代化的实验室建设、多媒体教室的建设。要加强校内外实习基地的建设,让学生在现代化的学习、生产、经营环境中磨砺职业素质,提高职业能力。

(五)管理水平现代化

管理水平的现代化是高等职业教育现代化的保证。管理水平的高低,是衡量高等职业教育现代化高低不可忽视的重要方面。随着知识经济的发展,高等职业教育的社会化程度越来越高,管理水平的重要性也显得越来越突出。高等职业教育发展的实践已说明,一所学校能否实施有效管理,是决定高职教育能否持续发展的关键要素。在办学条件基本相同的情况下,有的高职办得好,而有的高职办得不成功,原因何在?管理水平不同是一个不可否认的重要因素。

高等职业教育现代化的趋势是随着全球社会经济现代化的节奏一起跳动的。社会的进步,科学经济的发展,推进着全球现代化的步伐,同时,也推动着高等职业教育现代化。建立在科技进步基础上的高等职业教育,也必将实现自己的现代化。

第二章 现代化视域下的职业教育思想

第一节 职业教育思想的理论内涵

一、职业教育战略意义论

职业教育培养的"技能型人力资本对加快经济转型发展具有重要作用"。从世界范围看,西方发达国家自19世纪70年代以来就已经认识到培养大批职业技术人才的重要性,把发展职业教育作为振兴经济的重要战略,并上升为国家意志,制定了各种促进和保障职业教育的法律。如美国自1862年颁布《莫雷尔法案》以来,相继出台了《史密斯—休斯法》(1917)、《职业教育法》(1963)、《卡尔·柏金斯职业教育法案》(1990)、《劳动力创新与机会法》(2014)和《每个学生都成功法》(2014)等多部法律。如今,"高质量生涯与技术教育已经成为美国教育界和劳动组织的一致追求",根据美国国会要求,联邦教育部每四年要对全国范围内的职业教育整体发展状况进行评估、指导和监督,以确保职业教育的整体质量。

纵观我国职业教育发展,改革开放四十多年来取得了长足进步,已经建成了世界上规模最大的职业教育体系,培养了大批技术技能人才,为提高劳动者素质、促进经济社会发展做出了重要贡献,"职业教育的社会形象、影响和声誉等都有了很大好转"。但随着我国产业结构的转型升级和人才市场需求的变化,职业教育"吸引力不足""内涵发展不足""内生活力不足"等问题日益暴露,成为制约我国经济社会发展的重要因素。因此,在中国特色社会主义新时代,必须站在中华民族伟大复兴的战略高度重新明确职业教育的战略定位。

正是基于对历史和现实的深刻洞察,出于对国内经济发展大局的深谋远虑,习近平总书记先后通过指示、讲话、谈话、贺信、回信等方式,深刻阐释了职业教育的重大战略意义。2014年6月,习近平总书记在给全国职业教育工作会议的重要指示中明确指出,"职业教育是国民教育体系和人力资源开发的重要组成部分,是广大青年通往成功成才大门的重要途径,肩负着培养多样化人才、传承技术技能、促进就业创业的重要职责,必须高度重视、加快发展"。批示从职业教育的战略定位、重要作用和重要职责三个方面明确了职业教育的重大战略意义。

二、职业教育办学方向论

办学方向是办学实践中必须首先明确的关键问题,是一定时期内办学的前进方向,决定着办学的根本目标。不同的教育类型有不同的办学方向和目标,职业教育作为一种有别于普通教育的教育类型,有其特定的办学方向。习近平总书记站在我国经济社会发展全局,从促进人的价值实现着想,明确了新时期我国职业教育的办学方向,那就是"服务发展、促进就业"。

"服务发展"是指职业教育要为经济社会发展服务。虽然我国职业教育培养了大批技术技能型人才,为推动经济社会发展做出重要贡献,但还不能完全适应经济新常态,突出表现为"人才培养结构不尽合理,人才培养质量有待提高"。因此,新时代的职业教育必须适应经济新常态,为经济社会发展服务,为全面建成小康社会服务。2016年5月16日,习近平总书记在主持召开中央财经领导小组第十三次会议上,强调扩大中等收入群体是转方式、调结构、促增长的必然要求,事关全面建成小康社会目标的实现,必须"着力把教育质量搞上去,建设现代职业教育体系"。这就明确告诉我们,职业教育是扩大中等收入群体的关键,是实现全面建成小康社会的重要保障,职业教育必须坚持"服务发展"的办学方向。

"促进就业"是指职业教育要为人的成功成才服务。2014年6月23日,习近平总书记在给全国职业教育工作会议的重要批示中明确指出,职业教育"是广大青年打开通往成功成才大门的重要途径"。面对经济结构的深刻调整和经济发展方式的深刻转变给部分劳动群众就业带来的暂时困难,2016年4月30日,习近平总书记在知识分子、劳动模范、青年代表座谈会上的讲话中又特别强调"素质是立身之本,技能是立业之本"。这就明确告诉我们,就业作为人民群众最关心、最直接和最现实的问题,是一项十分重要的民生工程,事关人民对美好幸福生活的向往,职业教育必须为保障和改善民生服务,为青年成功成才服务,要通过高质量的职业教育,帮助广大青年提高劳动技术技能,促进更好就业,改善民生福祉,过上幸福生活,这是习近平总书记"以人民为中心的发展思想"的直接体现。

三、职业教育重大使命论

使命是组织存在的理由和依据,是对自身责任和义务的庄严承诺。职业教育的使命是什么?习近平总书记站在国家和民族未来的高度,在给全国职业教育工作会议的重要指示中给予了明确回答,强调职业教育要"为实现'两个一百年'奋斗目标和中华民族伟大复兴中国梦提供坚实人才保障",从而赋予了新时期职业教育新使命。

"两个一百年"奋斗目标和中华民族伟大复兴中国梦的实现要靠高质量的职业教育。2015年4月28日,习近平总书记在庆祝"五一"国际劳动节大会上的讲话中强调,"全面建成小康社会,进而建成富强民主文明的社会主义现代化国家,根本上靠劳动、靠劳动者创造",并热情鼓励广大劳动者要勤奋工作、扎实工作,锐意进取、勇于创新,在实现"两个一百年"奋斗目标的征程上再创新的业绩,以劳动托起中国梦。显然,高素质的劳动者是实现"两个一百年"奋斗目标和中华民族伟大复兴中国梦的坚实人才保障,而高素质劳动者的培养离不开高质量的职业教育。

"两个一百年"奋斗目标和中华民族伟大复兴中国梦的实现要靠实干,靠伟大的劳动精神。2018年5月1日,习近平总书记在给中国劳动关系学院劳模本科班学员的回信中强调,"社会主义是干出来的,新时代也是干出来的"。这是习近平总书记"实干兴邦"理念的题中之义。实干,就是不能只说不干,而是要实实在在地干,实实在在地劳动,只有真抓实干,才能促进事业的发展,才能实现国家的富强。不仅如此,实现"两个一百年"奋斗目标和中华民族伟大复兴中国梦,还要弘扬伟大的劳动精神,而"工匠精神"是劳动精神的升华。"工匠精神"就是一种精益求精、追求极致的执着精神,这也是习近平总书记赋予新时期职业教育的新使命。当前,我国正面临着经济结构大变革,加上新科技革命的兴起,迫切要求职业教育培养大批具有"工匠精神"的技术技能型人才才能成就精品经典,书写大国传奇、实现强国梦。可见,习近平总书记关于职业教育使命的重要论述。把职业教育与国家的命运与民族的未来紧紧相连,目标高远、内涵深刻、意义重大,指明了新时期职业教育的重大使命,深刻表达了习近平总书记的职业教育使命观。

四、职业教育根本任务论

职业教育应该培养什么样的人? 2014年6月,习近平总书记在给全国职业教育工作会议的重要指示中给予了明确回答,指示指出,职业教育"要树立正确人才观,培育和践行社会主义核心价值观,着力提高人才培养质量,弘扬劳动光荣、技能宝贵、创造伟大的时代风尚,营造人人皆可成才人人尽展其才的良好环境,努力培养数以亿计的高素质劳动者和技术技能人才"。指示深刻回答了新时代职业教育的根本任务,那就是要以"立德树人"为根本,培养德才兼备的高素质劳动者和技术技能型人才。

"立德树人"是我国各级各类教育共同面对的重大时代命题,当然也是职业教育面对的重大时代命题,是职业教育工作的出发点和落脚点。职业教育培养的技术技能型人才是为社会主义现代化建设服务的人才,必须德才兼备,才能肩负起实现"两个一百年"奋斗目标和中华民族伟大复兴中国梦的历史使命。"立德树人"是党的教育方针的根本要求,各级各类职业学校都是党领导下的社会主义学校,必须坚决贯彻党的教育方针,这是一个事关"为谁培养人""培养什么样的人"的根本问题。这就要求职业教育必须树立德才兼备的人才观,特别是要把社会主义核心价值观这个"大德"融入技术技能人才培养,在传授技术技能的同时,还要把学生价值观的塑造置于首要位置,将职业道德、职业精神融入技术技能型人才培养体系,使广大青年学生勤学、修德、明辨、笃实,成为社会主义核心价值观的弘扬者,成为职业道德和职业精神的践行者。

五、职业教育发展动力论

职业教育如何改革才能适应经济新常态,怎么发展才能更好地承担培养多样化人才传承技术技能、促进就业创业的重要职责,如何才能建设中国特色社会主义职业教育体系? 这是习近平总书记非常关心的重要问题。对此,习近平总书记基于历史、立足现实、着眼未来、坚持问题导向,针对我国职业教育存在的现实问题,对职业教育发展动力问题做出重要批示,形成了独特的职业教育发展动力观,这一思想集中体现在习近平总书记对职业教育"四个改革任务"的要求上。一是改革职业教育体制机制。增强职业教育办学活力的关键是完善体制机制。2014年5月,《国务院关于加快发展现代职业教育的决定》明确指出,"体制机制不畅"是当前职业教育存在的突出问题。对此,习近平总书记明确批示,要改革职业教育体制机制,使中高职衔接更加紧密、职教与普教连接更加畅通,提升办学活力。二是改革人才培养模式。人才培养模式决定着人才培养规格和质量,习近平总书记认为,职业教育不能闭门造车。而是要面向社会办学,面向需求办学,走产教融合、校地校企合作的联合培养之路,走工学结合、知行合一的理论与实践相结合的培养之路,才能提高人才培养质量。三是健全企业行业参与制度。职业教育是全社会的共同事业,企业行业是职业教育的重要办学主体,要健全企业行业参与制度,充分发挥企业行业的办学主体作用。四是改革职业教育政策扶持机制。针对当前我国农村地区、民族地区、贫困地区职业教育办学条件薄弱的实际,习近平总书记从全面建成小康社会的战略目标出发,明确指示重点支持"三个地区",加大对三个地区职业教育的支持力度,促进城乡教育一体化和区域教育协调化、均衡化发展。

第二节 职业教育思想的核心内容

习近平总书记以中华民族伟大复兴为己任,以职业教育与经济共同发展作为落脚点,提出了新时代职业教育的发展定位、改革方向以及任务和战略措施。本节就习近平总书记新时代职业教育思想做研究分析，以供相关人士参考、交流。

党的十九大建设以来，习近平总书记在我国经济发展与教育协调发展的情况下多次讨论到职业教育的地位与作用。并且大力推动职业教育的发展，形成了凝心聚力、指导实践、引领未来的新时代职业教育思想。习近平总书记的新时代教育思想体现了国家对新的历史时期职业教育改革方向的规划，丰富了职业教育的基础理论，全方面完善了职业教育体系，对于实现推动职业教育的发展具有重要意义。

一、明确我国职业教育发展的战略定位

我国职业教育诞生的目的是救国于危亡之中，肩负挽救国家民族危机的重大使命。1912—1949 年，我国出现了一大批的爱国教育学者，他们希望通过教育来救国，让我国一改失业现状、解决农村问题。首先要解决的是生计问题，生计问题的解决关键在于发展教育，发展教育就必须要发展职业教育。所以，发展职业教育即"救国家、救社会的唯一方法"。职业教育还能够解决个人的谋生问题，社会的服务能力成为国家的强大生产力。中华人民共和国成立以来，毛泽东同志主张学以致用、开门办学，要求职业教育为工农服务、为生产建设服务。在当时这些思想多为社会的繁荣发展起到了良好的推动和指导作用。党的十九大以来，习近平总书记同样重视职业教育问题，并就职业教育工作进行了部署。从国家发展的战略上给职业教育一个更高的定位，明确新时代职业教育的三大内涵和主要职责。中国的职业教育应当突出"中国特色"，为实现"两个一百年"的奋斗目标和中华民族伟大复兴提供坚实的人才力量。"四个服务思想"也同样为我国的职业教育发展指出了明确的方向。十九大报告中，习近平总书记把教育强国作为中华民族伟大复兴的基础工程，职业教育务必要积极响应时代的号召，为新时代的发展提供强有力的人才保障。

二、确立我国职业教育改革的奋斗目标

教育是人民生活的基础。人民的生活水平在日益提高的同时对于教育事业的发展要求也会随之提高。办好人民满意的职业教育,使得越来越多的人通过职业教育改变自身的命运,发挥自己的一技之长并且得到全面的发展,是我国教育理想的最高境界。2012年,习近平总书记在中外记者会上提出人民对美好生活的向往是党的奋斗目标。对于教育来说,孩子能够得到优质的教育并获得健康的成长。在十九大报告中,习近平总书记再次强调了这个观点。为更好地完成这项目标,他要求把"以人民为中心"作为工作开展的始终,将教育放在最优先的位置上来。要求党办好人民满意的教育,解决教育发展中存在的问题、难题。目前,我国经济发展依靠从科技进步和创新驱动转型,新的岗位和职业在不断地出现。需要大量的新一批的专业技术人才来投入生产、管理、服务等行业中去。职业教育能够使得社会生产力高度提升,同时也能够解决实现人的目标价值。通过将技能知识大范围地普及开来,提高国民的综合文化素质;通过进行专业的培训解决就业结构矛盾,为技术创新和产业升级做强大的支撑。因此,职业教育的发展不仅关系到中华民族的伟大复兴,更关系到个人的全面发展,让全体公民都能享受到公平的教育机会和发展机会。

三、我国职业教育发展的根本任务

职业教育应当培养什么样的人,应当怎样培养人这都与职业教育的目标与方法有关。习近平总书记在就这样的问题明确指出,发展职业教育要树立正确的人才观,牢记自身立德树人的职责,践行社会主义核心价值观。发展教育的目的是促进人的全面发展,人是教育发展的根本,关系着办学的方向,决定了人才的培养标准。职业教育的发展不应该停留在培养人的一技之长上,而是应当全面落实素质教育,培养学生正确的职业理念和职业道德,使得学生掌握知识技能并获得创业就业能力。职业教育不仅要教育的社会目标还要向学生表达教育的人文精神。将学生培养成为知识技能与生存技能兼备的高素质人才。倘若在工作岗位中学生缺乏人文精神的培养,其将会失去职业道德理念、社会责任感,成为没有感情的工作机器。

国无德不兴,而人无德不立。党的十九大以来,习近平总书记在思想政治工作会议中一再地强调教育在社会、国家、人自身发展过程中的重要地位。提出立德树人的理念,习近平总书记还强调核心价值观对于国家和民族发展的重大作用。倘若国家、民族没有核心的价值观,那么国家的发展将是止步不前的。因此,要将核心价值观深入贯彻到教育发展中去,重视对学生综合素质的培养。为此,习近平总书记强调"素质是立身之基,技能是立业之本",要求职业教育过程中学生不仅仅要熟练掌握知识、技能,综合素质方面也要有同步的提高,特别是将核心价值贯彻到教育的每一个环节。

四、新时代职业教育思想新举措

教育教学发展构成中最重要的是解决:为谁培养人、培养什么样的人、如何培养人。习近平总书记的新时代职业教育思想僵化对此有了明确的回答,做到了解除疑惑、统一思想、正本清源,为我国职业教育的发展指出一条明确的道路。

(一)职业教育需坚持社会主义发展方向

作为中国特色社会主义国家,我国的社会主义职业教育的发展任务就是培育社会主义接班人。2016年,习近平总书记在全国高校思想政治工作会议上对此给出了明确的解释。习近平总书记明确指出:高等教育是我国教育事业的重大责任肩负者,其必须坚持正确的政治指导方向。我国人力资源开发以及国民教育体系的核心是职业教育,因此职业教育必须坚持正确的政治方向和政治思想。

不仅如此,党的教育方针指出,坚持教育为社会主义现代化建设服务、为人民服务,把立德树人作为教育的根本任务,全面实施素质教育,培养德智体美全面发展的社会主义建设者和接班人,努力办好人民满意的教育。从党的教育方针可以明确看出,职业教育要培养高素质人才,为实现中华民族伟大复兴奠定坚实的基础。

习近平总书记要求各个部门加快对职业教育的发展,让各级的党政委帮助和扶持职业教育的发展。党是中国特色社会主义发展的核心,因此职业教育要坚持党的领导方针、坚持正确的思想政治发展方向。

（二）职业教育需促进教育公平，使得每个人都有出彩的机会

教育公平是社会公平的基础和重要力量。现阶段，促进教育公平已经成为各个国家在发展教育事业上的必然趋势，教育公平在我国也成了一个众人关注的焦点性问题。习近平总书记不停地强调要让全国人民都能享受到平等的机会和教育，努力让每个人都拥有出彩的机会。首先，习近平总书记广泛关注农村、贫困地区的教育发展状况，大力推动精准扶贫工程，加快推进民族教育与城乡教育一体化发展。深化教育制度的改革，将大量的经费都投入教育现代化改革的发展过程中。合理分配教育资源，使得更多学生能享受到优质的教育，缩小教育上的城乡差距。加强党对教育事业的领导，建立大众创业、万众创新的可持续发展环境。为高校毕业生解决好就业问题，将社会、学校、家庭教育进行良好的融合。

（三）创新人才培养模式，深化产教融合、校企合作

马克思主义在关于人的全面发展理论中明确指出：教育必须与生产劳动相结合。在我国的职业教育发展过程中，也印证了教育必须与生产劳动相结合的理论的正确性，是职业教育人才培养的根本途径。职业教育不是一个方面的教育，是各个方面的教育。发展职业教育不能关起门来闷头搞，需要将职业教育面向企业与行业，需要企业行业之间对职业教育的系统合作，才能使得职业教育符合可持续发展的现代化要求。不仅如此，只有当企业深入参与职业教育中，将企业内部的文化和标准传输于职业教育的教学过程中，职业教育才能培养出高技术、高素质的人才。所以，产教结合是职业教育发展的必经之路。

（四）提倡人人平等，营造良好的职业教育发展氛围

职业教育的发展受到严重的传统观念影响以及各种各样的条件限制，使得整个社会对于职业教育的认可程度并不高。不仅如此，社会上大部分人还产生了高等教育高于职业教育的错误观念。千军万马过独木桥的现象依旧存在，一些就读于普通职业技术学校的学生也并不是心甘情愿地想要就读职业技术学校。同时，人才招聘市场对于职业技术学校毕业的学生存在歧视的状况时常发生，一定程度上表明社会对于职业

教育的认可程度偏低。由于类似这样的原因,导致职业教育的发展受到了不小的阻碍。针对这样的现状,习近平总书记也一再强调"劳动无贵贱之分""人生本平等"。他号召每一位劳动者要着眼于现在的岗位逐渐成长、成才,只要有好的技术、高的本领,谁都能够成为人才。职业教育的发展要以习近平总书记的讲话精神作为发展动力,引导职业教育的学生要树立正确的价值观、人生观。鼓励学生积极参与到劳动当中,从实践中丰富自身的经验逐渐成长、成才。传承工匠精神,培养学生严谨、精益求精的专业态度以及"知行合一"的实践精神。

综上所述,习近平总书记的新时代职业教育思想丰富了马克思主义的教育理论,是马克思主义教育理论在中国新时代的新成果。这是对党领导的教育事业的新的经验总结,是中国特色社会主义教育思想理念的新内容,是习近平总书记的国家治理的重要组成部分。习近平总书记在新时代的职业教育思想为我国今后实现中华民族伟大复兴的宏伟目标提供了强大动力。

第三节 职业教育思想的内在逻辑

一、逻辑起点:青年成功成才的"人本论"

任何一种思想或理论体系,必须有其内在的逻辑起点。逻辑起点是思想构建的原点、理论展开的基础。通过系统梳理习近平总书记职业教育思想的理论内涵发现,习近平总书记职业教育思想诞生的逻辑起点就是广大青年成功成才的"人本论",这是马克思主义"人本论"哲学思维在新的历史条件下在职业教育领域的创新和发展,是习近平总书记职业教育思想理论大厦的基石。

马克思主义"人本论"坚持把人的解放和自由全面发展作为终极价值追求,落实到教育上就是促进人的潜力发展、价值实现。习近平总书记继承并创新发展了马克思主义"人本论"的价值立场和价值取向,将其作为中国共产党治国理政实践的出发点,把"人民对美好生活的向往"作为党执政兴国的"奋斗目标"。习近平总书记曾指出,"我的执政理念,概括起来说就是:为人民服务,担当起该担当的责任"。习近平总书记的"人本论"思想反映到职业教育上,就是职业教育要打开"广大青年通往成功成才的大门",使职业教育成为广大青年实现人生价值的重要途径,让他们在接受职业教育中掌握技术技能、增长实学才干,实现人生抱负。习近平总书记的教育"人本论"思想还体现在对"个人的发展"与"国家与民族的命运"的双重关注,勉励广大青年要紧跟时代前进的步伐,自觉肩负历史使命,把自身的前途命运与国家和民族的前途命运紧紧联系在一起,立足本职岗位努力为全面建成小康社会贡献智慧和力量。

二、逻辑支点:"立德树人"的教育价值观

在一个思想或理论的逻辑体系中,逻辑支点是支撑整个理论大厦的关键点、联结点,没有逻辑支点的支撑与联结,理论体系内部各要素就会失去彼此之间的内在联系,整个理论大厦就会失衡。在习近平总书记职业教育思想体系中,他始终坚持把"立德树人"作为职业教育的根本任务,从而奠定了职业教育思想的逻辑支点。这一逻辑支点的内涵是:职业教育在人才培养过程中,要坚持德技并举、德能兼修,特别是要把社会主义核心价值融入"做中学、学中做"的教育教学全过程,培养具有坚定理念信念、传承中华美德、具有使命担当的中国特色社会主义事业的合格建设者和可靠接班人。

立德树人是教育的根本任务,当然也是职业教育的根本任务。加强广大青年的道德品质教育,不仅是党的教育方针的根本要求,也是人才成长的内在规律。党的十九大以来,习近平总书记非常关心广大青年的成长,多次在座谈、讲话、指示、贺信和党的报告中强调"人无德不立,国无德不兴",明确指示各级各类学校要始终以"立德树人"为根本任务,培养德智体美全面发展的社会主义事业合格建设者和可靠接班人,深刻回答了教育"如何培养人"的根本问题。新时期职业教育如何培养人?2014年6月,习近平总书记在对职业教育工作的批示中明确指出要"树立正确人才观,培育和践行社会主义核心价值观",《国务院关于加快发展现代职业教育的决定》也明确要求职业教育要"坚持以立德树人为根本",集中体现了习近平总书记立德树人的职业教育价值观,是习近平总书记职业教育思想的逻辑支点。

三、逻辑主线:"人人出彩"的教育公平观

逻辑主线是贯穿于思想理论体系的中心线索,是联结逻辑起点,逻辑支点和逻辑归宿的中心思想、核心观点。深入研读习近平总书记关于职业教育的一系列论述,促进"人人发展",实现"人人出彩"的教育公平观贯穿于习近平总书记职业教育思想体系,是习近平总书记职业教育思想的核心理念,也是习近平总书记职业教育思想的价值追求。

教育公平是社会公平的基础和人生公平的起点。推进教育公平是党和国家教育改革的主题。改革开放40多年来,党和政府高度重视教育改革,持续发力,"教育公平得到了越来越好的实现,但是依然存在着发展不平衡不充分的问题"。习近平总书记始终把促进教育公平作为优先发展战略纳入治国理政总体布局,把人民对"更好教育"的期待和对"美好生活"的向往作为党的奋斗目标。习近平总书记相继在党的十八届一中全会的讲话,联合国"教育第一"全球倡议行动一周年纪念活动的贺词、给全国职业教育工作会议的指示、主持召开中央全面深改领导小组第十一次会议的讲话以及党的十九大报告中,做出了"推进教育公平""努力让每个孩子都能享有公平而有质量的教育"的庄严承诺:"努力让每个孩子享有受教育的机会,努力让14亿人民享有更好更公平的教育,获得发展自身奉献社会、造福人民的能力","要加大对农村地区、民族地区、贫困地区职业教育支持力度,努力让每个人都有人生出彩的机会","发展乡村教育,让每个乡村孩子都能接受公平、有质量的教育,阻止贫困现象代际传递,是功在当代、利在千秋的大事"。这些重要论述,都有一个共同指向,那就是促进教育公平、实现人人出彩。成为贯穿于习近平总书记职业教育思想体系的逻辑主线。

四、逻辑归宿:民族伟大复兴的"中国梦"

逻辑归宿是思想或理论体系要实现的最终目的。习近平总书记职业教育思想的逻辑归宿是什么？就是实现"两个一百年"奋斗目标和中华民族伟大复兴的中国梦，实现国家富强、民族振兴和人民幸福的"中国梦"。

"中国梦是全国各族人民的共同理想，也是青年一代应该牢固树立的远大理想"。职业教育与"中国梦"紧紧相连，是实现"中国梦"的重要支撑。2014年9月，习近平总书记在与北京师范大学师生座谈时强调："'两个一百年'奋斗目标的实现中华民族伟大复兴中国梦的实现，归根到底靠人才靠教育。"职业教育作为国民教育体系的重要组成部分，肩负着培养多样化人才、传承技术技能、促进就业创业的重要职责，培养的人才直接面向企业行业第一线，与经济社会发展的关系最为紧密。面对日趋激烈的国际竞争，面对转方式、调结构、促增长的经济新常态，发挥职业教育培养高素质技术技能型人才的优势，对于全面建成小康社会和实现"两个一百年"奋斗目标具有非常特殊的意义。然而从现实情况看，职业教育在办学质量、办学条件、重视程度以及社会影响力等方面还是我国教育领域相对薄弱的环节。因此，习近平总书记要求各级党委和政府从实现"两个一百年"奋斗目标出发，从实现中华民族伟大复兴中国梦的战略高度出发，把职业教育放在更加突出的位置，更好地支持和帮助职业教育发展。

第四节 职业教育思想的思维特征

伟大的时代诞生伟大的理论。理论思维是特定时代人们认识问题、分析问题和处理问题的基本思维方式，科学的理论思维，尽管"不是永恒的真理"，但却是"一种历史的自然规律"，因为它必须奠定在对历史的深刻洞察、现实的深入考虑和对未来的深谋远虑基础之上。深入领会习近平总书记职业教育思想的精髓，除了要准确理解其理论内涵、内在逻辑外，还要深入分析习近平总书记职业教育思想的思维特征，有助于我们更加全面、更加深入地把握习近平总书记职业教育思想的精神实质。

一、面向未来的战略思维

战略思维是一种面向未来,着眼长远的观察、分析和处理问题的科学思维方式,是一种思维境界,是一种宽广胸怀,决定方向性的重大问题,"要求准确预测未来可能出现的趋势、状态和结果",正所谓凡事"预则立,不预则废"。习近平总书记特别强调,只有具备战略思维能力,才能谋划全局、把握大势、增强主动、赢得未来。

提高战略思维能力,不仅是习近平总书记对各级领导干部的要求,而且习近平总书记自己也是践行战略思维的表率。2015年4月28日,习近平总书记在庆祝"五一"国际劳动节大会上的讲话中指出,"劳动者素质对一个国家、一个民族发展至关重要","提高包括广大劳动者在内的全民族文明素质,是民族发展的长远大计。面对日趋激烈的国际竞争,一个国家发展能不能抢占先机、赢得主动,越来越取决于国民素质特别是劳动者素质"。这些论述虽然未专门提到"职业教育",但却句句与职业教育紧密相连,实际上是从国际竞争的大视野,从国家命运和民族大计出发强调了职业教育的重要性和紧迫性,是把职业教育置于国际竞争、国家命运和民族未来的三维坐标体系中予以考虑的战略思维,充分展示了习近平总书记善于从长远把握事物发展总体趋势和方向,思考和处理复杂问题的战略思维品格。

二、胸怀全局的系统思维

系统思维是把认识对象置于系统内外各要素的相互联系、从整体上把握事物的思维方式,它重视全局思考、着眼整体把握、强调事物的普遍联系。马克思主义告诉我们,事物是普遍联系的,它与外部事物及其内外诸要素并不是孤立的存在,而是相互影响和相互制约的"普遍存在"。这一原理告诉我们,在认识和处理问题时,要正确处理全局和局部的关系,不能就事论事,只见树木,不见森林,而是要从事物的"普遍联系"中发现问题、分析问题、把握问题的本质,进而找到问题的解决之道。

在如何看待职业教育问题上,习近平总书记运用马克思主义系统思维,把职业教育放在整个治国理政的总体布局中去把握,置于实现"两个一百年"奋斗目标和中华民族伟大复兴中国梦的高度去强调,指出"职业教育是国民教育体系和人力资源开展的重要组成部分"、职业教育要为实现"两个一百年"奋斗目标和中华民族伟大复兴的中国梦提供坚实的人才保障;在讲到如何发展职业教育时,习近平总书记特别强调要针对薄弱、补齐"短板",重点突破,以点带面,通过"加大对农村地区、民族地区、贫困地区职业教育的支持力度"促进职业教育协调发展、均衡发展。抓住关键局部,解决关键问题,促进全局发展,这正是马克思主义系统思维在现代职业教育领域的科学运用与发展。

三、直面矛盾的辩证思维

辩证思维作为一种世界观,是以变化发展视角去认识事物、把握规律的思维方式,矛盾的观点是辩证思维的基本观点,是唯物辩证法在思维中的实际运用。党的十九大以来,习近平总书记在治国理政过程中,十分注重运用辩证的哲学思维分析大势、把握大局、驾驭未来,闪烁着马克思主义辩证思维的光辉。

在推进职业教育事业发展上,习近平总书记特别强调,既要敢于正视职业教育的现实问题,又要坚持"两点论"和"重点论"的统一,既要解决职业教育存在的共性问题,又要着力解决突出的"短板"问题,就是要善于抓住问题的主要矛盾和矛盾的主要方面。在分析职业教育现状时,既充分肯定取得的成绩,又指出存在的主要问题;在确定职业教育的发展目标时,既强调要有"世界眼光",又要有"中国特色",建设中国特色现代职业教育体系;在职业教育"如何培养人"问题上,既要注重技术技能培养,又要坚持"立德树人",践行社会主义核心价值观,培养德才兼备的高素质技术技能人才。这些重要论述,无不渗透着辩证思维的哲学光芒,是习近平总书记新时代中国特色社会主义职业教育思想哲学智慧的生动表达。

四、以人为本的价值思维

马克思主义认为,人的一切社会实践活动的出发点是人,归宿点也是人,终极价值追求是促进和实现人的发展。因此,看问题要站在人民大众的立场上,办事情要依靠群众,最终造福群众,这是马克思主义人本价值思维的根本要求。

"人民对美好生活的向往,就是我们的奋斗目标"是习近平总书记在治国理政过程中———一以贯之的价值追求。这一价值思维犹如一根鲜明的红线贯穿于习近平总书记的系列重要讲话中,是习近平总书记分析大势、谋划未来的鲜明主题。2015年4月28日,习近平总书记在庆祝"五一"国际劳动节大会上强调,在前进道路上,"我们要始终坚持人民主体地位"始终实现好、维护好,发展好"最广大人民根本利益",充分体现了习近平总书记深深的为民情怀和"以人为本"的价值思维。这一价值思维落实到职业教育上,就是要努力让"每个人都有人生出彩的机会"。这就明确告诉我们,办好职业教育的根本目的,就是要打开广大青年通往成功成才的大门,让每一个青年都能通过职业教育掌握一项技能、获得一份满意的工作、过上更加幸福美好的生活。

第三章 现代化视域下大学生职业观教育的内容

第一节 大学生职业选择观教育

一、了解职业世界与职业生活是建立大学生职业选择观的第一步骤

了解职业世界与职业生活是建立大学生职业选择观的第一步骤。这些知识看似基础,却是支撑起所有职业观念的"第一数据",与职业有关的观念就是在这些基础上的抽象和总结。在认识职业的过程中,人脑会根据外界获取的有关信息和自己的情感,将所有的与职业有关的"数据"分类、排列组合,建立"数据库"并打上价值标签。从这些知识中抽象出来的成体系的思想就是职业观,可以决定人的职业行为并与非职业行为相互影响。我们不妨把这种基础信息称为"职业地图",职业地图的广泛性、真实性都决定了职业观的价值属性。

职业观教育不可能穷尽所有的职业形态并事无巨细地告诉学生,教师没有这个知识储备,也没有太多机会去了解其他职业,教给学生收集和分析职业信息的方法并掌握相应的原则才最有价值。

(一)了解职业世界的原则

第一,信息真实原则。真实的信息才是有效的信息。本节的"职业信息"并不特指招聘信息,而是包含了一切与职业相关的信息的集合。在我们的职业观教育当中有一种非常值得关注的倾向,那就是使用虚假信息的情况比较严重。第一种倾向是教育者信息采集漫天撒网,对信息的真实性不予核实,靠网络"百度"等便捷方式转载二手信息。在这种误导下,学生自然人云亦云,将虚假职业信息作为职业评价的依据。例如某

教材对于社会最为"热门"职业直接引自网络,其中就有"心理医生"职业,而其对"心理医生"的介绍与心理咨询师未做区分,对学生产生了极大误导,学生认为心理医生经简单培训后即可上岗,且社会需求量巨大。殊不知专业心理医生必须是医学院经长期临床实践后的专门人才,因专业治疗机构相对较少,故需求量远小于其他专业执业医师。第二种倾向是将欧美的职业信息原封不动地照搬过来,信息因"水土不服"引发失真。因为我国系统的职业观教育起步晚,很多资料源自西方教材,所以为省事,一些教材将西方的职业观生搬硬套到了我们的教材上。例如有的教材用较大篇幅介绍"宗教类"职业,这明显不适合我国的职业环境和教育环境。第三种倾向是放大某些职业的信息比例,造成"职业地图"失真。有一些职业因为在社会分工中处于支配地位,从业人员普遍待遇较高,于是这类职业处于吸引眼球的优势地位,其相关信息在全部信息中就占据了并不合理的高比例。例如金融类职位的职业信息充满了职业观的教育领域,很多人言必称"四大",将这类职业的生活、工作方式和招聘方式作为职场规范。其实,这些职位在全部职业人士中的比例并不高,其对多数学生的指导意义不大。这种失真的信息比例将严重误导职业信息本身就不足的大学生。职业观教育要想取得预期的效果,就必须通过引导学生感知和接触真实的职业世界。

信息真实的原则本身就是教育的基本原则之一。西方教育奠基人之一夸美纽斯认为,学生学习"相当一部分困难在于学生研究事物不是通过亲自去观察它们,而是借助本身就包含着不清晰的讲述。克服这一点就要通过自己的观察和感性知觉去认识一切"。可见,真、善、美从来都是教育的目标。陶行知先生说"千学万学,学做真人"。习近平总书记在2014年北京师范大学讲话中要求教师要"用自己的学识、阅历、经验点燃学生对真善美的向往"。了解真实的世界,才能更好地改造这个世界。教育的基础是受教育者对施教者的信任,我们的教育者曾经编造了很多"善意的谎言"让受教育者相信,以满足暂时的教育目标,可一旦受教育者发现了真相或者仅仅是发现了一些对立面的信息,则教育的整个基础将面临崩塌。职业观教育是面对现实的教育,真实的信息必须来自学生的体验和实践。教育者不提供虚假信息,以免影响教育体系的威信;教育者要教授给学生获取真实信息的方法和途径,以便学生主动获得相关内容。

第二,信息全面原则。职业信息由与职业生活相关的一系列信息构成。职业信息的基础是职位信息,与具体岗位相关。一般来说,包括岗位核心信息和与岗位相关的外围信息。岗位核心信息是指具体岗位的工作内容、工作环境、薪酬待遇、职位意义等直接信息,这些信息标志一个具体岗位区别于其他岗位的特征。岗位外围信息包括与岗位相关的一些非核心信息,例如某一岗位的工作人员的生活状态、文化特征、发展路径、在社会关系网络中的地位等。这类信息的外延相对宽泛,确定性比核心信息要弱一些。一系列相关联职位的信息集合构成了某一个职业的职业信息。

很多教育领域的工作者和学生会把"职业信息"等同于"求职信息",认为职业信息还要包括与招聘相关的信息,如招聘职位类别、职位数量、应聘时间地点等。从广义上来看,这种说法也是对的,但忽视了职业信息的稳定性,容易让学生产生"职业信息是临时信息,确定性很差"的感觉,忽视了对于职业信息的认知,不愿意花时间和精力了解这方面的知识。这样一来,职业观教育的基石就不会牢固。笔者认为与具体求职行为相关联的信息是"求职信息",其与职业信息的差别在于两点:一是求职信息的临时性,非长期有效,而职业信息的突出特征是稳定性;二是求职信息是关于具体职位或岗位的简单信息,而职业信息是一系列复杂信息的集合,范围大不相同。

学生求职时必然要了解求职信息,否则求职的目标不清,效果自然会大打折扣。职业观教育是一个长期的教育过程,不能狭隘地理解为"求职观念"。如果在对学生进行职业信息获取的教育时仅仅以"求职信息"代替"职业信息",范围必然相对狭隘,而且会让学生产生严重的功利心态,不利于学生正确职业观的培养。正确的做法是要让学生了解范围更为宽广的职业信息,全面掌握自己进入某个行业会面临的技能、生活、社交等多方面可能性,通过把这些想象中的可能性与自己的实际情况做对比,以确定某个行业是否适合自己。然后再缩小信息了解的范围,具体了解某一个岗位或者某一组岗位的岗位信息。等到花费相对较长一段时间做好充足的知识储备后再面对就业信息,当然就能够从容不迫,做出正确的职业决策。

第三,信息聚焦原则。一个人的精力有限、能力有限,不可能穷尽了解所有职业的全部信息,也没有必要了解这么多的知识。所以,在职业认知时只能按照自己的需求聚焦到某些必要的行业和领域。这个原则虽然带有实用主义色彩,但对教育来讲至关重要。我们的教育长期以来采取知识聚焦原则,教材的编写、选取都是这一原则的体现。须知,每一门专门知识都有浩如烟海的论文和其他相关资料,一个人终其一生也只能了解其中的一小部分。所以,教育行业就以聚焦的形式将成熟的教材送到了受教育者面前,以使受教育者迅速地了解最为必需和基础的知识。职业认知也是同样的道理,通过聚焦可以了解和自己最为相关的职业,建立职业地图和职业认知的焦点后,再以焦点为中心进行发散的信息收集和探索。

在以心理学为基础的生涯发展理论中,对人进行的心理学属性的划分其实也是在为职业信息的聚焦做基础工作。从古希腊把人分为多血质、黏液质、胆汁质和抑郁质后,各个类别的人都有适合自己的职业范畴。后来的学者继承了这一研究范式,提出可以按照人的性格和心理特点把人分为不同的类别。近代心理学更是研究出了以霍兰德性格分类为代表的蔚为大观的分类方式,这种划分有其科学性,但容易以科学的名义束缚了人自由全面发展的空间。不过,这种职业信息聚焦的思路为职业观教育进行了有益的探索,可以作为职业信息聚焦的参考之一。

职业信息聚焦可以依托不同的原则,如上所述的心理特征可以是聚焦的依据;还可以依托地域、专业、薪酬水平等各种职业信息的特征进行,目的是提高学生的学习效率,降低在职业信息获取中的无效劳动。以地域为依托的职业信息聚焦是在相对封闭的空间中构建一个不同职业的交叉网络,便于横向比较和选择。以专业为依托的职业信息聚焦可以迅速划定一个互不交叉的职业的纵向集合,其职业属性的相似是基本特征。以薪酬水平为依托的职业信息聚焦可以生成一个职业平面,在这一平面上的职业是感兴趣的职业,否则是无关职业,这种聚焦原则是金字塔式聚焦。职业信息的聚焦可以同时进行,最后必然生成一个可以接受的职业目录,这个目录大体反映了一个人的职业追求。职业观教育可以影响到受教育者以什么样的原则去对职业信息进行聚焦,最终影响其职业选择。

第四,面向未来原则。万事万物都在向前发展,职业也不例外。大学生在今天所接触到、认识到的职业,可能在一段时间以后就会变得面目全非,尤其在目前,以互联网科技为代表的信息技术不断地改变着各种职业的面孔。以现在的各种职业而言,很多都是在10年、20年前不可想象的职业,即便是原有的职业,其职业的具体面貌、社会地位、经济收入等和现在相比也完全不同。若干年前,汽车相关专业的学生如要专业对口只有一汽、二汽两家大型企业可供选择;如今,不但有各类合资、外商独资、民族资本的汽车厂家可以就业,而且与汽车相关的庞大产业链已经形成,各种服务机构以及相关汽车媒体都可供大学毕业生选择,同一专业的潜在职业种类相比过去大为丰富,工作类型更加多样化。20年前,医生没有为医闹问题所困,教师的师德问题并没有被舆论大量关注,同一个职业在不同的时空所面对的实际问题也大不相同。所以,在了解职业信息的时候要把目标放长远,主动去探究10年、20年以后的职业状态,看看是否符合自己的需要。

面向未来的第一个关键是面向职业的未来,也就是要以发展的眼光看待职业。以发展的眼光看待职业就要从两个方面来理解,一是要看到新生职业的远大前途。互联网刚刚出现的时候,由于其是新生事物、新生职业,许多人不敢涉足,有些人浅尝辄止,认为这一行业是社会的边缘行业,而坚持下来的从业者如马云、刘强东、马化腾等如今都已成了互联网经济领域的佼佼者。二是要看到目前充满光环的职业有可能会在将来出现光芒不再的情况。美国的底特律在很长一段时间都是生机勃勃的"汽车城",2013年却作为城市整体被宣布破产清算。在计算机出现以前的国家机关里,"打字员"是炙手可热的职位,它可以接触核心信息,而在计算机和桌面印刷系统出现以后,这一职业迅速就消亡了。

面向未来的第二个关键是面向个人的未来,要以发展的眼光看待自己。和职业的发展一样,人也在不停地发展,面向未来不但要看某一职业在时间长河中的变化,也要看到自己以时间为背景的发展。在普通的科层体制的组织结构中,个人的职业技能在提高、职业资本在积累、职业范围在扩大。一个大学毕业生从事的工作和一个有着10年、20年职业经历的成熟职场人士所从事的工作是大不相同的,有时,职位的名称可能类似,但其实际内容已大不相同。看到自己的发展,不是想当然地认为自己若干年后一定会具备什么样的资源和地位。这些资源和地位都是需要努力获得的,这就是"规划"的真正意义之所在。结合自身的兴趣,以未来经过努力的自己为背景,去收集职业信息,这些信息将更具备借鉴意义。

如果大学生的职业信息获取仅仅是初入职的岗位信息,职业信息的结构未免会比较狭窄,不够立体化;而如果面向未来,则职业信息就会构成一个相互关联的矩阵,在其中就能够梳理出个人的发展脉络。

(二)大学生了解职业世界的途径

"人非生而知之者",学习需要渠道,职业观的教育主渠道虽然是课堂,但其庞大的基础知识必须依赖整个教育系统的合力。大学生的社会身份决定了他们对于包括职业信息在内的知识获取必须要依赖以学校为中心的各种媒介。与此同时,大学生没有完全脱离家庭,家庭仍然是大学生获取职业信息的重要途径。大学生虽然没有完全进入社会,但具备了"准成年人"的身份,开始与社会有了一定的接触,直接通过社会实践也可以获得相关信息。当下,大学生利用各种媒体尤其是新媒体的能力非常强,通过媒体获取信息也是一个途径。各种途径互为补充,构成了大学生职业信息获取的网络。

1.与学校相关的正式途径

大学生的主要活动范围在校园内,以课堂、实验室、社团等校园途径持续向大学生传输与职业有关的信息。首先,以专业课和实践类课程为主体的课堂途径传授的是职业技能。以计算机专业为例,课程体系中包括C语言程序设计、数据结构、数据库、算法、设计、软件工程等多门课程，各门课程环环相扣，每一门课程都提供了一些解决问题的技能。在清华大学出版社出版的《C语言程序设计》中关于课程的内容表述如下："全书共有九章，分别为程序设计概述、简单程序……主教材和实验教材合二为一……重在巩固课堂教学知识，提高调试程序及完善程序的能力；综合实验以算法设计和程序实现为重点，训练运用所学知识解决实际问题的能力。"其次，学校应该建立与学生就业相关的信息平台。这类信息平台多半是专门的就业指导机构设立的，以介绍就业信息和用人单位情况为主，兼顾职业规划的内容。清华大学的学生职业发展指导中心网站就设有"招聘信息""职业辅导""就业指南"等板块，在首页上就有东方电气、中国电信等单位的介绍，并设有5位老师的职业辅导工作室的链接。最后，是以各种社团为中介的各类模拟活动，包括一些"职场挑战赛""简历设计大赛""职业形象设计比赛"等活动。

以学校为中心的职业认知途径潜移默化地为学生树立了以专业为基础的职业竞争的观念——职位是稀缺资源，要靠职业技能的比较来争取获得职位的机会，职业技能优异者胜出。学业成绩的竞争性是学生从小学开始就接受的理念，在大学里面，虽然因其他社会活动、文体活动的介入而有所冲淡，但其竞争性的本质没有变化。学生在学校里的主要利益获取，包括奖学金评定、助学金评比都依托学业成绩。就业信息的平台面向全体学生，突出了职业获取中"公平"的意义，目标是为大学生求职打造平台。作为求职平台的门户，是入职流程的第一环节，而后面的具体环节包括笔试、面试等，虽然以"分类""识别"为标签，实际则充满了竞争的味道。至于本身就标明了"竞赛"的校园文化活动，其竞争的含义更为明显。这样，在各种途径的校园职业认知活动中，"技能竞争"与职业获取的关系在校园中得到多次强化。

校园内也有多种职业形态呈现在学生面前——教师、行政人员、后勤服务人员等，这些学校内部的人员通过与大学生的职业交往，向大学生展示了某一类职业的直观形象。大学生通过在学校与这些职业人士的直接交往，可以获得有关这些职业人士的行为模式、工作内容、工作环境的感性认知。

2.以学校为中介的社会途径

以学校为中介的具体社会途径包括两个环节,一是以学校为中介的学生实习。实习是大学教学中的必备环节,学生要利用这个机会提前进入未来就业的职业环境熟悉情况,锻炼实际工作能力,为真正走向工作岗位做准备。经学校审核和介绍的实习环节,学校算学分,归入教学活动,但整个实习过程都是在校外完成的。从严格意义上来说,学校只是中介,实习是社会行为。现在,很多单位也都有"实习生项目",与学校的教学实习相对接。实习介于工作和课堂之间,是一个过渡性环节,学生要通过这个环节感知到真正的职业生活,将自己所学的知识在实习中予以应用,也可以通过面对面的交流和沟通了解已经入职的职场人士的所思所想。

二是以学校为中介的学生求职活动。在这类活动中,学校负责审核单位的资质、发布用人信息、提供招聘场地和其他设备支持,在学生与用人单位签订协议时作为第三方提供法律保障。在学生的求职活动中,学生与用人单位有各种直接、间接的接触,如通过招聘启事和宣讲会直接了解用人单位的大致情况,通过面试等环节和用人单位的代表面对面交流,去用人单位考察了解具体情况等。由于学校在招聘季节提供的用人单位数量庞大,学生可选择的余地众多,所以,这一职业认知途径通常成了学生进行职业认知的主要途径。

这一途径的职业认知活动表达了职业活动的必要性,将求职活动作为大学生的学业"出口",在整个学校里营造了舆论范围,表明了高等教育的终极目的——为社会培养人才。学生通过参与和职业认知,了解到自己必须通过职业途径实现自己的人生价值和社会价值。这类活动还向学生展示了不同职业的不同选拔标准,学生可以此为尺度衡量自己的综合实力,从而调整自己的人生目标和努力方向。这样不但让直接参与的学生获得了职业认知的机会,而且由于学校的独特组织结构,学生能够通过很多信息渠道把自己的所知所感传递给其他未能亲临现场的同学,尤其是低年级的学生。以学校为中介的途径给学生的心理认同度高,通过种种程序性活动,学生心里感觉很正式,相关信息的真实度和可信度高。不同学校提供的实习和就业机会是不同的,其统计学特征对学生会产生潜移默化的影响,学生会感觉"我就是某一个职业的人",或者是"我就是某一职业层次的人"。

3.与家庭有关的社会途径

父母的职业对大学生的职业认知是影响深远的。虽然高等教育看似切断了职业的家庭直接传承,但父母所掌握的职业文化和家庭拥有的职业资源对子女的影响至关重要。子女可以近距离地观察父母的职业行为,参观父母的工作场所,了解父母的工作环境,通过参与父母的社会活动了解父母的职业社会关系,通过参与家庭经济活动了解父母的职业收入。这些感性的认识直接为子女提供了第一手职业信息。而家庭主要亲属的职业有助于学生了解其他的一些行业。另外,家庭成员和主要亲属可以帮助大学生获取实习和入职机会,这也是近距离提供了职业认知的途径。

与家庭有关的职业认知构成了一个人的职业价值观"底色"。十几年到二十几年的近距离观察和模仿形成了一个人潜移默化的处事原则和行为方式,也会深深地影响一个人进行职业认知的观察角度。改革开放前,整个社会非常强调一个人的"家庭出身",认为家庭出身决定了一个人的阶级属性和阶级感情。现在我们不再将家庭影响放在重要位置上予以考虑,但其实际影响仍然不可忽视。

(三)大学生了解职业世界的方法

总体说来,学习的途径决定了学习的方法,职业认知是一种具体的学习,同一个学习途径中又可以综合使用多种方法学习。中学生的学习仅仅限于教材以及相关的辅导资料,相对来讲,其知识体系是封闭的;而大学生需要获取的知识较多,其体系是开放的。尤其是对于职业的认知,不能沿用过去习得的固有方法学习。面对开放的知识体系,必须用新的方法进行职业认知,这就需要教育者的介入。

1.专门化学习方法

专门化学习方法也可以称为"系统化方法",就是抽出专门的时间,针对特定的问题,全面详细地了解相关知识。在大学里,一般是通过选修某一门功课或者是某一系列功课实现的。目前,这种专门化学习方法选修的课程就是学校开设的职业规划类和就业指导类课程。另外,专门化学习方法也适合专门就某一个单位或者某一个行业收集和梳理信息,了解其组织结构、组织文化、价值倾向、历史沿革、业务类别、岗位特性、薪酬体系等全面内容。

2.参与性认知方法

通过参与课堂互动和课下的活动来收集了解职业信息,实现职业认知的目标。职业认知的参与性过程主要通过角色扮演实现。例如,大学生通过体验求职的过程、感悟职场中与他人的合作,在职业竞赛中运用专业技能等,在整个过程中完成资料收集、分析、消化吸收、行为模式调整、心理调适等诸多环节,了解到大量的职业信息。另外,由于大学生的社会身份所限,他们无法完全融入职业生活,在课堂内外通过职业角色扮演式参与可以迅速获得有效心理体验。

3.碎片化认知方法

这种学习方法是适应网络时代信息碎片化的现状而出现的学习方法,其特征是每次学习的针对性强,通过见缝插针和积少成多的方式在大脑中逐步拼出完整的知识结构。碎片化认知方法适用于大学生的业余时间,在非专门的时间和环境中收集职业信息。与很多鼓吹网络时代教育改革的专家不同,笔者认为这种学习方法不能成为主流学习方法。碎片化认知容易让人浅尝辄止,了解到表面现象就以为了解了整个事实。而且长期从碎片认知中获取信息,一则容易产生碎片的空缺,即无法拼凑出整个知识系统;二则容易因为自己的价值偏好,把自己认为重要的细节了解清楚了而忽略了其他的细节,进而强化可能并不完全正确的价值体系。

4.实践性认知方法

就是通过实习环节和真正的求职环节了解职业信息的方法,区别于参与性认知方法的根本点在于实践性认知是进入真正的职业世界,而非模拟的角色扮演,虽然实习生获得的职业授权有限,但其中的职业互动、职业技能的应用、职业社会关系真实存在。首先,可以了解职业规范。大学阶段学习到的知识和实际工作岗位中的相关规范有相关性,但也有很大的不同,不同的行业、不同的职位都有详细的工作规范,实际的工作规范对大学生正确理解理论与实践的差距具有非常明显的意义。其次,可以了解职业行为中的人际交往规则。大学生的人际关系相对简单,在实践中了解到的职业交往规则有助于大学生养成正确的职业伦理观。最后,有助于检验自己和该职业的契合度。通过近距离参与,可以判断自己是否适合某一行业或者某一岗位,从而调整职业目标。

二、了解自我是建立职业选择观的第二步骤

教育的重要前提之一就是承认人与人之间的差异,"因材施教"是教育界公认的行为准则。前苏联著名教育家苏霍姆林斯基说过:"教育——这首先是入学,不了解孩子,不了解他的智力发展,他的思维、兴趣、爱好、才能、天赋、倾向,就谈不上教育。"从哲学意义上讲人的一致性、从法律意义上讲人的平等性都是很时尚的学术见解,但永远也抹杀不了事实上人与人的不一致性。每个人从标志他独特遗传属性的基因序列产生之日起,他和其他人的区别就已经存在。此后,随着成长的自然、社会环境不断对具体的个人施加各种影响,个人在实践中也能获得独特的知识、技能和情感体验,最终成长为一个独特的个体。森林里没有两片完全相同的树叶,社会上也没有完全相同的两个人。所以,面对职业问题,大学生也必须认清自己的独特性,而这种对自己的认知是与职业认知相对应的认知过程,是职业观形成的重要基础。

(一)大学生自我认知的角度

大学生的自我认知是一种主动的自我识别,是从他律走向自律的重要环节。心理学家非常强调人的自我认知,主要流派就有六七种之多,反观思想政治教育学界并没有多少学者关注人的自我认知。从思想政治教育以及职业观教育的角度来看,指导大学生自我认知的理论可以有三个角度:一是从心理特征的差异进行识别;二是从发展目标的差异进行识别;三是从社会资源的角度进行识别。

职业心理特征包括兴趣特征、性格特征、情绪特征、气质特征等很多方面的内容。其中,兴趣决定对某种职业喜好与否,性格决定对某种职业适合与否,情绪决定对某种职业的掌控能力,气质决定了职业行为倾向。兴趣易于自我识别,这是对某一类事物喜好与否的恒定的心理特征。大学生接触到的绝大多数与职业相关的调查中都会有"个人爱好"或者"个人兴趣"的栏目。兴趣的自我识别相对比较容易。心理学家认为兴趣是"客观的""先天的",也就是非意识形态的纯粹"心理"特征。从思想政治教育的角度看,这种判断值得商榷。人的兴趣受社会环境的影响很大,人只能在自己所处的社会历史阶段认知自己的兴趣,而不能超越或者脱离这个阶段。从某种意义上讲,兴趣是被动的选择,而非主动的表达。100年前人们的兴趣无论如何也不会出现"看电影"的选项,50年前,人们的兴趣不会出现"网络游戏"的字眼儿,职业兴趣取决于其人生经历和社会实践。在当下的高校中,来自大城市和经济发达地区的学生,相对于来自经济欠发达地区和中小城镇的学生,其兴趣范围较广泛。职业性格的自我识别则是一件相对较为困难的事情,需要借助一些专门的测评手段和工具。相对于兴趣,职业性格的意识形态特征不够明显,大范围看来,职业性格具有明显的遗传色彩,也受文化的影响较大。目前以西方心理学界为中心的职业性格研究者所应用的人群样本多是以西方人为主导的,其性格分类和性格特征的描述在适用于其他国家和人种时有较大的不适应。例如,按照西方对于人群的"外向"和"内向"的区分,中国人绝大多数都要归类为"内向"性格,这类测评失去了对人群的区分意义。目前我国学者也开始了对各类职业性格测评工具的"汉化"工作,网络上也有一些付费或者免费的软件可以使用。职业性格测评的结果可以作为自我任职的参考,但不能完全依赖测评结果进行自我分析。情绪特征主要是指一个人情绪丰富与否、个人控制情绪的能力和情绪波动的周期等心理特征。情绪特征与性格特征类似,首先取决于遗传特质,但生活环境也会对其产生影响。很多职业对人的情绪特征有要求,例如演员、政治家等需要面对大众的职业就需要人有相当丰富的情绪表达能力和很强的情绪控制能力,外科医生、飞行员就仅仅需要很强的情绪控制能力就可以了,而诗人、画家、音乐家对情绪控制能力的要求恰恰相反,他们需要尽量调动情绪以激发创作的源泉。情绪波动的周期与年龄、性格和受教育程度都有关系。一般来讲,年龄较大的人情绪波动周期较长,能很长时间停留在某一种情绪体验中;而年轻人的情绪波动周期较短,其情绪体验变化较快,儿童尤其明显;女性的情绪波动周期,特别是对负面情绪的感知时间明显长于男性。职业气质的自我识别取决于一些行为的指标。公元前5世纪古希腊医生希波克拉底把人的气质分为四种类型:多血质、黏液质、抑郁质和胆汁质。每个人究竟属于何种职业气质的类型,取决于对一些行为特征的长期观察、感知和总结。

职业目标的高低决定了一个人发展自身职业能力高低、职业资源的欲望强弱,但职业目标不切实际的高,也会挫伤职业发展的积极性。大学生的职业发展目标相对于已经就职于某一行业的"职业人"而言,大学生的职业目标是模糊的,但相对于没有接受专业训练的高中生而言,其职业目标则是相对现实的。这里的职业发展目标既可以指最终的职业目标,也可以指有清晰时间标记的阶段性目标。职业发展目标包括四个维度:第一个是行业维度,就是最后在哪一个行业、哪一个具体职位序列中就职;第二个是地域维度,就是希望自己最终工作的地点在哪里,过去人们由于交通的不便和对世界的认知能力有限,职业地域通常限定于一个较小的区域,现在人们职业目标的地域选择大大扩大了;第三个是职位维度,表征在某一职业序列的位置中处于相对"高"或者"低"的位置;第四个是技能维度,预期自己能够解决问题的难度范围和复杂程度。大学生职业目标的现实性是一个很大的问题。儿童时期的职业理想通常过于宏大,如果大学生不能从这种并没有太多现实依据的理想中走出来,职业目标就是无根之水。大学生职业目标的认知必须是基于所学专业和个人职业资源的实事求是的分析。

决定一个人的职业选择与职业发展的重要因素必然包括一个人拥有的职业社会资源,其中包括身体素质、职业技能、重要关系人、经济资源、学业背景、文化特质等多方面因素。作为社会关系的节点,每一个人都不是完全自由而不受约束的,在社会没有实现"所有人的自由发展以一切人的自由发展为前提"之前,认清约束条件是必须的。身体素质是进行职业活动的基础条件,包括体力、智力乃至外貌都属于身体素质的组成部分。很多职业的准入条件中都有对身体素质的考察,如职业军人、警察、模特、演员等。职业技能是职业资源的第一要素,很多职业发展理论是决定性要素。有关职业技能是否为职业资源的第一要素问题在本书中将多次提到,我们在下文将做专门分析。简单来讲,职业技能就是一个人能不能够满足某一职位的能力需求和做得好不好的问题。具备某种技能不一定能够获得某一职位,但不具备某种技能则一定不能成为某种职业的后备人选。按照目前的职业技能获得途径,专业学习对应着职业实践,虽然专业技能与职业技能并不完全一致,但我们可以依托大学生学习的专业,以专业技能作为职业技能的主体要素来引导大学生对自己的职业技能进行识别。用人单位以"简历"和成绩单来区分大学生其基本依据也在这里。职业发展中重要关系人的作用不可或缺,很多研究者也将其称为"重要他人"。大学生在进行自我识别时对自己的所有关系进行梳理,判断其中是否有人能成为自己职业发展中的重要关系人,如有人可以在自己的入职和职业发展中助自己一臂之力,则此人可以成为自己的重要职业社会资源。大学生经济资源的主要来源为家庭的投入,有一些也有从重要关系人处获得的资助,极少部分大学生能够通过自己的独立经营获得经济资源。经济资源是职业活动的重要保障之一,对住房、交通、消费模式、社会交往方式都有很大影响,尤其在职业生活的初期,当薪酬待遇不足以解决个人生活所面临的问题时,来自其他渠道的经济支持是职业生活非常重要的支撑。马克思如果没有恩格斯的慷慨资助,在很多时候将无法完成他的革命工作。马克思曾经很无奈地致信恩格斯说:"如果你能立即寄钱给我,我将非常感激你。我的女房东非常穷,我已经是第二个星期没有付房租给她了,她逼着要钱,逼得很紧。"经济资源的多寡会影响职业选择的行业、地域等诸多方面,不能不顾自身经济资源盲目追求某些热门行业和热门地域。学业背景主要指大学生的学历层次、毕业的学校和专业,这是外在的身份表征,虽然很多人把这个表征和职业技能相等同,其实学业背景和职业技能并无绝对关联,有可能有相同学业背景的人其职业技能大相径庭,也有可能具备较大差异学业背景的人职业技能基本相当。但学业背景背后隐含的职业资源含义不同,学业背景在政策环境中的作用、学业背景在职业交往中的话语权、学业背景所隐含的社交网络相距甚远,很大程度上决定了一个人职业发展的顺利与否。社会上的"名校"情节正是基于这一因素。文化特质有点类似于心理特质中的"气质",但文化特质是后天形成的,人的文化特质取决于他主要接受了哪种文化的影响。社会阶层、宗教、艺术、各种学术流派都会对人的文化特质的形成产生影响,一个人的文化特质是综合影响的结果。"京派文化""海派文化"具有不同的特质,"本土文化""外来文化"也具有不同的特质,不同文化特质的人对不同职业的接受程度以及对不同职业的职业文化的认可程度都大不相同。认清自身的文化特质,才能寻找到最合适的职业路径,保证自己在职业生活中身心健康。一部分教育社会学的研究者认为,人的文化特质受家庭影响要大于受学校影响。英国社会学家马林诺夫斯基说:"文化之于人类家庭,和本能之于动物家庭具有异曲同工之妙。"根据美国学者1921年、1952年和1976年对美国顶级科学家的抽样调查结果,20世纪美国科技泰斗大部分生长在社会中、上层的专业人士家庭。

大学生自我认知的重点在于职业资源中的可控资源识别。在大学生职业观教育的过程当中,学生的自我认知不是目的,而是指导学生对职业的选择和发展,并在这一过程中树立马克思主义职业观。如果我们把学生始终看作静态的,则职业选择与职业发展就是被动;如果我们把学生看作发展中的、动态的,则学生的职业选择和职业发展就将充满主动意识。大学生不管从哪个角度认知自我,都要把个人发展放在首要位置,要认清自身的哪些要素是可变的,哪些要素是不可变的。心理特性稳定性极强,职业目标的可测量和可表述性极差,本书选取职业资源的角度进行讨论。在职业资源中有一些是大学生本人无法控制的,主要包括遗传特征(决定身体基础素质)、家庭经济基础、受家庭影响的基础文化特质、社会外部的政治历史条件等,这些是"偶然"因素决定的,也就是说一名大学生恰巧出生在某一个时期、某一个地域、某一个家庭,他一旦出生,这些条件很难被他个人所改变,我们只能把这一类资源称为不可控资源。厘清了个人职业资源中的不可控资源,剩下的可以由自己的意志所改变的职业资源称为"可控职业资源",大学生对可控职业资源发展的主观愿望、时间、精力和经济的投入决定了自身整体职业资源的多寡。例如,大学生可以通过锻炼身体改变身体条件,通过努力学习提高职业技能,通过进修、升学改变学业背景,通过学习和社会实践塑造文化特质,这些都将对未来的职业发展打下基础。

(二)大学生自我认知的唤醒

"我是谁?""我从哪里来?""我要到哪里去?"这几个问题是颇带有哲学意味的问题,能够主动思考这些问题的大学生的比例不是很高,对于绝大多数大学生而言,对于自我的认知和思考需要教育者的唤起。自我认知是一个缓慢的过程,婴儿时期的个人并不知道"自我"是什么含义;等到产生一定的意识了,儿童又倾向于认为自己全知全能;然后在社会环境的各种实践中逐步认识到自己能力的边界,认识到自己的局限性;最后认识到自己的独特性。自我认知的唤醒将个人的主观能动性最大限度地发挥。职业资源的自我认知—意识形态特征的自我认知—阶级归属的自我认知一脉相承,也可以说唤醒个体的自我认知是思想政治教育的重要前提。

自我认知使得个人从"符号化时期"走向"前职业时期"。在我国的学校里,学生都是符号化的个人,从唯一的学号、年级编号、班级编号、小组编号,到宿舍编号、座位编号,都指向一个确定的学生。而学生的每一门、每一次考试所获得的分数和随之而来的排序,更加强化了自我认知的符号化特征。这种符号化的认知和职业世界中对人的判断、认知有相当大的差距。职业世界中的职业资源、职业发展、职业资格准入的判定标准都是"质性"判别,而不是数字化、符号化的标签。这种差距的弥合,就要求学生从符号化的自我认识中走出来,走向比较丰满的全面的自我判断。

自我认知使得个人的自我评价从一维评价过渡为多维度评价。在学生生涯的各个阶段,学习成绩永远是判断学生和评价学生的主要标准和依据,大学虽然有其他的评价指标作补充,但成绩的主要作用仍然不言而喻。所以,在学生看来,由于学校的正式评价影响生成的自我评价,自我评价必然要和这种评价体系相一致,也就是自我评价必然是以分数为基础的自我评价,从而产生"我是一个好学生"或者"我是一个差学生"的评价。而职业世界的评价标准并非这种极为简单地以成绩为标准的一维评价体系。职业技能并不能完全用分数显示,职业心理特征也无法用单一的分数来表征,职业人际关系网络更无法用成绩来测量。

自我认知使得个人的自我评价从奖惩性评价走向发展性评价。对学生的评价,一般来讲其目的是管理服务,评价结果的适用通常与各类奖惩挂钩。考试不及格面临的是重修、补考和延期毕业的惩罚,而成绩优秀可以获得奖学金、荣誉称号和其他鼓励。与职业相关的自我评价并没有严格的奖惩作为依托,其评价的目的是个人现实的职业心理健康或者未来的职业发展。如果职业资源的认知中把不可控的职业资源作为奖惩性评价的依据,那么有可能会引发重大心理危机。例如,个子矮、不够聪明、皮肤较黑、近视眼这些自然条件不能用来作为奖惩依据,因为其不可变。发展性评价就是要把不可变的劣势找出来,在职业发展中予以规避,对于有可能增加的职业资源将重点发展。

自我认知的唤醒,要让学生主动了解自己的全面信息,把"自己"放到更大的时空范围内去认知,也就是从校园内的评价走向社会性的评价,这是学生走向成人的重要一环。社会对人的评价依据是人的社会价值,社会价值的实现依赖于承担社会责任的状况。唤醒自我认知是承担社会责任的前提条件。

第二节 大学生职业发展观教育

我国在很长一段时间内是不允许讨论个人职业生涯设计问题的,将这种行为看作资产阶级的做法,认为无产阶级的革命工作者应该以"组织需要"作为人生唯一标准。但在实践中,不为自己的职业前途做打算和思考的人是没有的。目前,我们的学术界认可了进行职业生涯设计的做法,并鼓励在教育中引导大学生进行职业生涯设计的活动。

一、大学生职业发展与学业发展

对大学生进行生涯设计的终极目标是让学生树立正确的人生观、价值观、世界观,激发学生的学习动力。所以,在教育中不可避免地要将职业生涯设计与学业生涯设计联系起来。当前,大学生的学习动力普遍不足已经是很多学校、很多专业的教育工作者所共同面对的难题,有些人把原因归结于"扩招"引发的资源不足,有些人把原因归结于教师队伍素质不高,有些人把原因归结于就业通道不畅。笔者认为,从大学生是理性个体的角度出发,只要学生能够理解当下的学业与未来的职业之间的关系,自然会对大学生活仔细规划。

(一)学业成绩的职业资源属性

绝大多数大学生处于前职业生涯时期,其职业资源相对匮乏,不确定性很强。在其所有的职业资源当中,学业资源是最为显著的资源,与非大学生的同龄人相比,学业背景是显著的身份特征;与同为大学生的同龄人相比,学校的区别和专业的区分是其身份标识;与共同学业背景的同学相区分,其成绩的高低是学校对其评价和自我识别的依据。与拥有其他职业资源相比,职业技能是最容易获得的职业资源,而职业技能的获得与专业知识的学习密切相关。如前文所述,学业对应专业,专业对应职业,这种假设为学业成绩赋予了职业资源的属性。

(二)绝对学业成绩与相对学业成绩

学生的绝对学业成绩指学生对所学专业知识掌握的绝对程度,这一程度仅仅与是否具备从事某一专业工作的技能相关,不需要与任何其他人相比较。学法学专业的学生具备从事法律工作的专门能力,学临床医学的具备从事医疗工作的素质,学习金融专业的学生拥有了从事金融专门工作的知识储备。从理论上讲,绝对学业成绩的获得不必通过比较来证明或者认可,在很多高校,用"及格""毕业"表示绝对学业成绩合格。在就业竞争相对比较温和的年代,绝对学业成绩达标就代表了职业资格的获得。而在今天就业机会相对紧缺的年代,绝对学业成绩已经不足以与职业资格的获得相匹配,职业资格的获得是在求职者的激烈竞争状态下进行的,社会比较广泛接受的学业成绩表达方式就是在本专业的"相对值",我们称之为"相对学业成绩"。相对学业成绩的第一个因子首先是在本校、本专业内的比较结果,社会上称之为"专业排名";另外一个重要因子是本专业在全国甚至全世界所有高校中的比较状况,两者的加权才是一个学生的相对学业成绩。相对学业成绩没有统一的表示方法,在不同的行业有不同的标准,很多判断方式甚至非常感性,那些在招聘当中设置"基础学历为211、985高校"限制条件的企事业单位就是采用了感性的标准。

(三)学业资源是绝大多数大学生的最大可控职业资源

大学生并没有获得成年人的社会地位,不具备对社会资源的掌控资格,所以其职业资源中的很多都只能是潜在的"准资源"。当学生以个人身份进入社会时,学业资源是其所拥有的其他职业资源的生长基础,学业资源是现实资源,当学生在专业学习上投入大时,其相对学业成绩就会高,反之亦然,所以学业资源是可控的,其可控性表现在两个方面:第一,成绩的高低可以由人的主观能动性所掌握,大学生虽然不能改变学校和专业的排名,但可以改变自己在班级的排名。第二,专业发展的方向也可以由个人的学习兴趣和投入程度所决定,每一个专业都有很多的发展方向可供选择,寻找到一个自己满意的专业方向并为之投入精力能够获得比其他人更大的竞争优势。

二、大学生职业发展设计与人生意义探索

专业学习的意义和人生的意义是大学生经常思考的问题,也是这一年龄阶段的年轻人普遍关心的问题。通过职业观教育能让大学生将"学业""职业""人生"相连接,依托生涯设计实现对人生意义的探索。人生意义的定位与职业目标的定位相辅相成,对人生意义的思考为职业选择赋予了一个初始值,而对职业目标的追求是对人生价值的实践性阐述。

(一)职业目标的实现与幸福感

幸福感的获得是一个很复杂的问题,人会因为各种成功产生幸福感,也会因为各种挫折降低幸福感。最为外界所认可的影响幸福感的两大直接因素就是家庭与事业。对幸福本身的理解,人们有不同的感受,有人能够在职业实践过程中体验到幸福,有人则必须要看到如愿的结果才能感受到幸福。绝大多数人认为事业成功的一般标志是职业目标的实现。当职业目标仅仅锁定为个人的社会地位上升、经济资源的扩大时,其浓厚的个人主义色彩带来的所谓"幸福"是扭曲的、虚幻的。在这种情况下,一旦个人目标落空,或者出现职业危机,当事人要么出现严重的心理问题不能自拔,要么会为了达到目标而不择手段。如果能够把职业目标设定为个人目标与社会目标相结合的"复合目标",职业成功后的幸福感和幸福指数将大大增强。如果个人职业目标能够融入社会发展中,只要感觉到自己为社会贡献了力量并得到了应有的认可,其成就感就是幸福的源泉。从幸福感的角度出发,职业目标的设计是职业生涯设计的首要问题。职业目标要结合个人对职业、个人的综合认知才能得出契合的目标。

(二)职业目标实现的结果与过程

目标的实现是一个瞬间的事情,为了实现目标而努力的过程是一个很长的时间阶段。职业目标可以有多重导向,有的以经济目标为最终目标,有的以社会身份为最终目标,有的以社会尊重为最终目标。在职业生涯的过程中,经济利益、社会身份、社会声望三者同时表现在具体个人和具体职业上,不能做到截然分开。从职业目标本身的稳定性来看,在人的一生当中,职业目标有可能是有变化的,当最初的目标实现以后,随即将会产生更高阶段的目标。从漫长的职业生涯来看,职业目标并不是不变的单一目标,而是彼此联系起来的一个渐变的目标系列,在最终目标实现之前,每一个阶段性目标的实现都可以看作过程的一部分。所以在教育和指导大学生进行职业目标设计时,一定要注重对实现过程的兼顾。

(三)社会理想与职业目标的共同探索

在大学生职业生涯设计的过程中,要让大学生将职业目标贯穿到社会理想当中。社会理想是一种共同理想,可以在个人身上表现出来,不同的时代对社会的发展有不同的希望。社会理想包括对社会经济发展的期待、对政治秩序的愿景、对文化繁荣的期盼等。以时间的远近来看,有远期理想,例如实现共产主义;有近期理想,诸如中华民族的伟大复兴。20世纪80年代,"振兴中华"是一种社会理想,90年代的"小康社会"是一种社会理想,今天的"中国梦"也是一种社会理想。近期的社会理想对个人职业目标设计和职业路径选择影响更为直接。社会理想是国家层面的目标,相对于个人而言过于宏大,除极个别政治家和社会活动家外,很难与具体的个人职业目标直接联系起来。将个人职业目标与社会理想相关联并不是要求个人要以社会理想为自己的直接职业目标,而是要求自己在具体的职业行为向个人职业目标迈进的过程中对社会理想的实现有推动作用,正如一首歌里写的"多出点劳力也是抗战"。个人职业目标与社会理想的一致性要有这样几个方面的表现:第一,职业目标要顺应时代的发展,要与社会制度相契合,具备"正能量"。例如公务员的职业目标就要以更好地服务人民为宗旨,"绝不能搞封妻荫子、封建依附那一套,搞那种东西总有一天要出事"。[①]第二,职业目标要响应国家的号召。社会理想的实现依赖于各项国家政策的推行,国家的号召是整个国家意志的集中体现,反映了民族的需要,对其积极响应既是实现社会理想的有效途径,又是爱国主义的具体表现。第三,职业目标要适应社会的需要。与国家号召相区别,社会需要没有具体文件可以参照,但通过社会文化潮流、经济趋势、技术背景等表现出来。当今时代,网络经济风起云涌,投身这一行业和改造自己所在的行业,就是适应了社会的需要。

三、大学生职业发展设计的过程与方法

目标决定起点,否则人生将会南辕北辙。目标是意识的产物,很多学生会由于社交的需要将自己真正的职业目标隐藏起来,然后人云亦云地表达一个经过修饰的"目标"。但学生无法隐藏的是对职业起点的选择,因为职业起点必然通过择业这一具体行为表达出来。所以很多人将"大学生职业观教育"等同于"大学生择业观教育",虽然也有一定的道理,但没有抓住问题的实质。择业的动机就是为了实现职业的目标,路径的选

---

① 佚名. 党纪国法不容违逆[N]. 人民日报,2014-08-01(第01版:要闻).

择也是为了实现职业的目标。大学生职业生涯设计的核心不是为择业而择业,而是围绕职业目标的实现而进行的。

(一)职业起点的设计

职业起点是对职业目标的表达。大学生职业起点一般是指毕业后的第一份工作,这份工作非常重要,它会影响一个人对待职业的态度和对自我的认可程度。大学生在毕业的通道上有考研究生、出国深造、出国就业、国内就业等选择,每一种选择都意味着职业起点的不同。其中,以升学为目标的通道并不意味着放弃就业,而是意味着将就业的时间延迟,为自己的学业背景和职业技能追加投资,但在更高一级学位毕业时仍然面临起点的设计问题。出国深造面临要读哪一级学位的选择,面临学成后回国与否的选择。如果毕业就立即就业,在行业选择过程中,大学生面临的选择在行业上有与所学专业紧密联系和与所学专业非紧密联系两种选择;在地域选择中面临回家庭所在地就业和去其他地域就业的选择,面临是去一线大城市还是去普通城市或者偏远地区就业的选择。出国就业在面对去哪一个国家从事何种工作选择的同时,还面对是否放弃国内发展机会的选择。职业起点相当于为职业生涯赋予了一个"初始值",后续的过程是在这一基础上的变化。职业起点的设计依据必须参考自身心理特征、家庭经济状况、外部支持、学业成绩等职业资源综合考虑,而可实现性则是职业起点设计的必要原则。

(二)职业路径的设计

职业路径是在职业起点与职业目标之间建立的联系方式。进入一个成熟和相对稳定的职业体系然后在其中发展,最终达到理想的社会地位是第一种路径;创建一个职业体系,然后将其完善,通过完善职业来实现自我是第二种路径;建立一个经济实体,然后通过经营将其壮大,在经济实力增强的同时实现自我,是第三种途径。大家一般习惯把第一种路径称为"就业",而把第二种和第三种路径称为"创业"。创业者的职业路径实现存在很大的不确定性和风险性,要考虑团队、技术、市场、资金等诸多因素,需要极强的心理承受能力,选择这种职业路径意味着发展无先例可循,要进行广泛的学习和探索。而普通的"就业",

就其发展道路来看,一般是从某一个科层体制的机构中向上发展,有"业务路径"和"管理路径"两条道路可供选择。其中:业务路径的发展以个人业务能力的增强和岗位级别的提升为标记,随着职务的晋升,技术权威得以增强;管理路径的发展以管理部门的增多和重要性增强为标记,随着职务的晋升,与核心决策者的距离在缩短。二者在一些机构和发展阶段中可以互通。

(三)顶层设计方法

顶层设计是"源于自然科学或大型工程技术领域的一种设计理念和方式,属于系统论的范畴,现在则被借鉴到社会科学领域。顶层设计是相对于底层设计而言的,原本是指工程师们为了完成某一项工程,运用系统论的方法,以全局的视野,对工程的各方面、各层次、各功能、各要素统筹兼顾,以规避可能发生的风险,使理论与实践实现统一,并采用最经济的路径,完成最艰巨的工程项目"①。这一方法是从目标出发的设计,围绕目标组织资源。有两个设计维度:第一个维度是时间,要以时间为轴线,将终极目标划分为若干个阶段性目标,并为每一个阶段性目标描绘出具体实现的时间范围;第二个维度是资源,在每一个阶段目标实现的时间节点上描绘出这一节点当中有可能获得的职业资源和实现下一个阶段目标所需要投入的职业资源。最终,职业生涯设计的结果是以时间为轴线的一个倒金字塔形状的二维空间。

四、大学生职业发展设计的变量

大学生职业生涯设计不能是僵化的设计,要把自身当作可以改造、可以发展的、实践的、能动的人来看待。要充分看到自己的潜力,把现有的资源投入自身中,把周边的可用资源转化为职业资源。

(一)个人职业资源的扩大构成可控变量

要看到职业技能的重要作用,但不能将职业技能作为职业发展中的唯一可控量。职业技能作为所有职业资源中最为容易获得的资源起着关键作用,在职业起点的设计中作用尤其突出,在职业发展的路径设计

---

①石国亮,刘晶. 宏观管理、战略管理与顶层设计的辩证分析——兼论顶层设计的改革意蕴[J]. 学术研究,2011(10):6.

中也会起到很大的作用,但绝不是决定性的作用。拥有生产资料的人天然就拥有职业资本,在他们看来,职业技能反而成了微不足道的东西。职业技能的相对量决定了竞争中的优势地位。所以,现代职业人士一般都是以职业技能的应用换取诸如生产资料的控制权等其他职业资源的拥有,在其他职业资源的积累中才能实现个人的职业发展。职业生涯设计的目标是对自身所有可变职业资源的尽可能掌控以及对其发展方向、发展速度的尽可能掌控。

(二)社会环境的变迁形成了不可控变量

社会的政治走向、经济发展、技术变迁都不是某一个个人能够左右的,其变化有时甚至会以激烈而迅速的方式发生。这种变化伴随一个人职业生涯的始终,我们可以简单称之为"职业环境"。职业环境的变化对职业目标的实现产生的影响是多方面的。当社会趋于稳定和繁荣时,职业路径是稳定的;当社会趋于动荡和混乱时,职业路径将非常多变而且不可控。经济发展可以为人们的职业资源扩大创造条件,也可以通过普遍的繁荣让个人事实的经济地位下降。技术的变迁让工作变得轻松,同时也淘汰了掌握落后技能的执业人员。

庸俗的哲学家认为人生是不可控制的,只能随波逐流。马克思主义者认为人生是可以自己掌握,而且必须自己掌握的,虽然有很多不可控制的因素,但掌握了自己可以影响的变量,就必然能够对自己的职业生活施加尽可能多的影响,通过将职业生活融入社会发展当中,人必然是幸福的。

在不可控中获得最大可控因素是职业生涯设计的实质。职业生涯设计并不是描绘蓝图,更不是"心灵鸡汤",而是建立在科学分析基础上的人生道路选择。选择的依据是个人对职业资源的分析和对职业资源发展的预期。在生涯设计中应该遵循以内职业生涯设计为主、外职业生涯设计为辅的原则。"外职业生涯是指从事职业时的工作单位、工作时间、工作地点、工作内容、工作职务与职称、工作环境、工资待遇等因素的组合及其变化过程。内职业生涯是指从事一项职业时所需具备的知识、观念、经验、能力、心理素质、身体健康、内心感受等因素的组合及其变化过程。"从每一个细节入手分析,工作单位对于其他细节具有决定性的影响,相对于个人而言,尤其是对于初入职的大学毕业生而言,行业和单位都是一种客观存在,只能被动地接受其规则。具体职业规则和职业发展规则由前人制定,有一些是成文规定,有一些以口口相传的形式在行业内约定俗成,还有一些是掌握在一部分人手中、不为外人所知的"隐秩序"和"潜规则"。而内职业生涯是以职业技能为中心的个人资源,能够按照个人意志发展,通过学习可以获取知识,通过练习可以获取技能,通过锻炼可以收获经验,通过调节可以促进心理健康。外职业生涯的可控性远小于内职业生涯。

第三节 大学生职业道德观教育

道德教育是思想政治教育的核心组成部分之一,包括社会公德、家庭美德、职业道德三部分。职业道德观教育是大学生职业观教育中唯一以显性的形式出现的教育内容,在"思想道德修养与法律基础"课程中设有"职业生活中的道德与法律"的专门章节,足以见其重要性。大学生没有开始真正的职业生活,所以不能对其现实的职业道德状况予以考察和纠正,只能在其思想中给予影响,因而称之为"大学生职业道德观"教育。大学生作为未来社会的新增劳动力,其职业道德观会直接影响将来的职业道德水平,不可不予以引领和教化。大学生的职业道德观受社会现实的影响很大,而在社会上有许多职业道德失范的现象存在,如官员中的腐败现象、商业中的欺诈行为、卫生行业的过度医疗、教育领域的教师行为失当等会对大学生的职业道德观产生负面的影响。作为教育者和教育机构,大学不得不从正面对此进行回应。

一、大学生职业道德观的形成

道德的形成是一个复杂的过程,在幼年时期是以"他律"和模仿为主。儿童做了错事,要由家长和老师指出,并施以惩罚,渐渐地儿童就能产生简单的是非观念。人生的开始,人们的是非观念是简单的,随着年龄的增长,是非观念复杂起来,不再通过简单的模仿和"他律"来规范自己的行为,而是有了复杂的基于理性的判断,这个过程因人而异。有些人的道德感在一定年龄就停止了生长,有的人却能持续更新。曾子说"吾日而三省吾身",说明他在成年以后仍能坚持进行"自律"的思索和积累,他的道德感仍处于不断更新的状态当中。

(一)道德与职业道德

"道德是一种社会意识形态,它是人们共同生活及其行为的准则与规范。它是以宇宙之理制定的,顺理则为善,违理则为恶,以善恶为判断标准,不以人的意志为转移。道德通常代表着社会的正面价值取向,起判断行为正当与否的作用"[1]。职业道德是道德在职业领域的应用,思想的出发点是如何看待职业行为中的职业对象,也就是"我"与他人的关系。在职业行为中接触到的人可以被划分为两类:一类属于"共同体",这一部分人是和自己的利益休戚相关、荣辱与共的,利益的外在一致性是其典型特征;另一部分是利益不明显一致的"他人"。因为职业行为与"谋生"经常被混为一谈,很多人会把与自己职业相关的其他人简单地看作"客体",也就是没有生命的"物",这样一来就会在与"物"的互动中产生通过对"物"的操控,以谋求个人利益最大化的行为倾向。这是很多职业出现行业性行为失范的根本原因。

为了让职业道德从思想外化为行为,很多职业制定了职业思想基础,医疗行业有"救死扶伤""医者父母心"的说法,教师行业有"公平对待每一个学生"的要求,服务业有"顾客就是上帝"的说法等。据此,很多行业同时规定了可执行的、从着装到语言再到行为的"职业规范"。但是,职业规范只是表面的规定,是"他律",要内化为"自律"才能成为道德。另外,必须注意到的一个事实是,职业本身所具有的道德属性使得职业行为规范与职业道德不能混为一谈,有一些职业拥有行业性的非道德行为,这一行为长期存在,身处其中的人即使遵循了职业规范,也无法实践职业道德。例如:有一些行业的行为规范中有"潜规则"长期存在,如不

---

[1]吴发科.道德的内化表征及表象外显形式探析[J].思想教育研究,2002(1):19-21.

遵循则无法分享行业利益,一旦曝光,则会让整个行业蒙羞。可以看出,职业道德产生于个人对职业行为中规范的掌握和理解,是一种行业行为背景下的个人修养。

职业道德与道德的其他方面有相关性。从广泛意义上来讲,一个社会道德感强的人其职业道德感也会较强,家庭道德观念突出的人,职业道德感也会较强。但仔细分析,这三者并无实质上必然的相关性。社会道德建立在个人与他人无利益冲突时的松散联系中,有些社会道德尚可的人在职业生活中却是毫无道德而言的人。而家庭建立在血缘和情感的基础上,其道德的维系建立在长时间的互动和相处中,和职业道德中"偶然性交往"不同,所谓"虎毒不食子",一些因造假售假、集资诈骗而锒铛入狱的犯罪分子也会跟自己的子女说"好好做人"。而且,在我国的宣传领域有长期将家庭责任与职业责任相剥离的倾向,传统文化中有"忠孝不能两全"的说法,现代宣传报道中"父亲去世仍坚守工作岗位""爱人生产却顾不上见面"的大量报道。这种将家庭责任与职业责任相对立的宣传会让人产生家庭道德与职业道德相对立的观感,我们在教育中不能忽视职业道德观的相对独立性。

大学生的职业道德观念起源于专业学习,在专业学习中遇到的"专业规范"反映了将来的职业行为规范。首先,专业名称标志了专业的属性和学科门类,揭示了本专业所能够解决的问题边界。这种问题边界的规定为行为规范的边界奠定了基础,大学生知道哪些问题是靠本专业知识解决的,哪些问题不是靠本专业知识解决的。在这种约束中,大学生将在学习和实践中逐渐收缩自己的行为模式范围,从"潜在的全面的"人转化为"潜在的专业的"人。行为模式的调整会直接影响他们的思想,思维的出发点就向职业方向逐步靠拢。专有名词的系统标志着知识体系的差异性。大学生在专业学习中将系统地、全面地接受一个本专业的专有名词的知识体系,这一知识体系相对其他专业是封闭的。通过不断的被考核和被测验,本专业的价值属性得到强化,而对其他专业的价值属性会减少关注。当对专业知识掌握到一定程度后,能够逐步意识到自己和其他专业学生的差异。大学生的专业认知和自信逐步建立,这是职业道德产生的基础。道德是人类较高层次的行为规范,是人类的基本需求得到满足后的追求,"仓廪实而知礼节",一名对专业知识掌握扎实的大学生会很容易形成牢固的职业道德观。最后,通过专业实践能够直接了解和掌握相关职业行为规范,强化已经初步形成的职业道德观念。这样,大学生在离开校园进入社会的时候将成为一个具备一定职业道德观念和行为能力的社会人。

(二)职业目标与职业道德观的关系

职业目标是职业行为的动力,影响职业生涯的各个方面。现代大学生的职业选择自主性很强,职业目标的差异性也很大,从职业目标的方向性来看,很大一部分学生的职业目标与专业方向一致,也有很大一部分学生的职业目标与专业方向相异。在不同的学校和不同的专业,两部分学生的比例结构并不相同。职业目标与专业方向相一致,容易接受专业教育的行为规范,也易于形成教育者所提倡的职业道德观。反之,则很难接受相关行为规范的约束,在受教育的过程中表现出不配合、不合作的态度。后者将成为职业道德观教育的"盲区",只能就职业道德的一般原则进行教育,无法进行有针对性的与专业身份直接关联的职业道德观教育。从职业目标的大小来看,职业目标越高的人,越容易接受职业行为规范,这样能够快速获得行业内他人认可,获得更多的发展机会,他们职业道德观形成的速度较快,自主性较强。反之,职业目标相对较低的人,因为对职业发展的热情不高,所以对职业身份的追求抱着漠然的态度,职业道德观形成速度慢,自主性差。但职业目标一旦超出自身能力,变成失真的高目标,而实现该目标的愿望又非常迫切,有些人通常会选择抄近路、走捷径,采取一些不正当手段谋求职业发展,其职业道德观反而是扭曲了。教育者要努力引导大学生建立与所学专业相关联的、适合个人特点和资源的、恰当的职业目标,这样在思想中形成的职业道德观是健康的、正常的,否则,虽也有形成正确职业道德观的可能,但从总体看,其思想的形成是不可控的、无序的。大学生职业道德观的形成和"专业信心"的形成密切相关,专业信心的形成意味着专业身份的认可,预示着职业身份的可能性。专业信心形成需要通过专业学习中每门课程的学习来强化,如学生在学业生涯中失败过多,则专业信心必将遭受打击,不利于职业道德观形成。

二、大学生职业道德观的引导

与旧社会"师傅带徒弟"的职业道德传授不同,现代学校对大学生职业道德观进行引导最大的障碍在于大学教师不是职业生涯中的"过来人",与学生的未来职业期待不一致,不具备让大学生直接模仿的可能性。所以,在大学阶段对学生的教育要从思想基础上筑牢基础,为其将来的职业道德培养建立良好的"生长点"。

(一)合适的职业目标是正确职业道德观教育的基础

职业目标与学业目标具备很大的相关性,这里的学业目标并不特指"学习成绩"的目标,而是可以扩展到在大学阶段对综合素质的预期。学生通过学校生活体验社会,在学业的成功或者失败中体验未来职场中有可能出现的各种情绪,在与其他同学的比较中感知自己将来有可能的社会地位,次数较多的成功体验预示着较高的学业目标和职业目标,次数较多的失败体验虽不能直接意味着较低的目标值,但会带来负面情绪和影响。在低年级要帮助学生建立合适的学业目标,其中包括学习成绩(含 GPA、外语水平、计算机水平)、社会职务和社会活动、个人特长的拓展等,要让学生在大学阶段树立依托专业全面发展的意识。在高年级,主要是帮助学生树立合适的择业目标,其中包括地域、行业、职位性质、薪酬标准、发展前景等具体内容。

(二)正确的职业关系认知是职业道德教育的关键

尊重他人是各行各业职业道德的普遍基础。通过教育,大学生在校期间要认识到必须对人给以无差别的尊重,这是职业道德观教育的显性目标,首先走出校园的社会实践活动能够接触到很多行业的人员,能够获得与社会人接触的直接体验。目前高等教育的社会实践内容丰富,形式多样。有寒假、暑假的专门社会实践,有在校期间与社会接触的志愿者活动,有与就业相关的专业实习等适合各个年级、各种专业的实践活动等。教育部于2012年专门发布了《关于进一步加强高校实践育人工作的若干意见》，要求各高校引导大学生开展社会实践活动。要引导大学生在班级内、年级内建立和谐的人际关系。大学生的人际交往已经呈现出成人的特点，表现在交往方式和交往内容都向成人靠拢，相比中学时"直接、紧密"的人际关系，有"含蓄、疏远"的特点。对于人际关系的变化，有些学生难以适应，不能以尊重他人为基本原则建立和谐的人际关系。教育者要通过寝室文化创建、班级活动等作为载体，引导学生学会尊重他人。要让学生明白，尊重他人包括尊重他人的人格、尊重他人的劳动、不侵犯别人的隐私和个人空间等具体行为规范。

（三）正面的情绪体验有助于建立正向的职业道德观

心理是思想的基础，健康的心理是道德感产生的必要条件，适度的竞争有利于保持良好的心态。完全无竞争的社会是不可想象的，大学生面对未来社会的竞争，在校期间就要学会面对竞争，管理好竞争。而过度竞争对大学生的成长也是不利的，会让大学生歪曲理解人与人的关系，人为地造成人际关系紧张，不利于建立健康的心理环境。职业行为中面对"获利"或者"吃亏"的情况会产生不同的情感体验，这种体验将影响职业行为，如能管控好自己的情绪，必然不至于让自己的行为失范。对情绪的管控需要通过学习、实践积累经验，大学的适度竞争恰好提供了这一平台。大学的竞争性活动有运动会、文艺比赛、晚会、辩论会等多种形式，教育者应引导大学生积极参与，并让他们建立适度紧张的心理状态。

（四）教育者的职业道德水平给学生带来示范效应

模仿是人类重要的学习手段。儿童通过对成人世界的模仿而成长，学生通过对教育者的模仿矫正自己的行为。所以，作为直接接触学生的教师，社会对其提出了明显高于其他行业的道德标准。辅导员是大学里与学生接触最多的教育者，是很多学生直接模仿的对象，更要注意自己的言行，遵守师德规范。在教师的职业道德中，对学生影响最大的莫过于公平地对待每一个学生，教师的公平对待能够激发每一个学生学习的自主性。道德本身是自主的行为，自主的前提是公正与自由。联合国教科文组织在《学会生存——教育世界的今天和明天》中指出："如果学习者从学习对象变成了学习主体，教育的民主化才是可能的"，"教育上的平等要求一种个人化的教育学"。为实现教育的公平,教师在情感上要公平,要发自内心地对每一个学生一视同仁,尤其不能因为某些学生是学生干部或者有家庭背景而给予其特殊对待。在学生事务处理上要坚持"公平、公正、公开"的原则。现在高校中涉及学生切身利益的事务性工作很多,包括奖学金和助学金的评比、学生干部任命、荣誉称号的授予、就业机会的推荐、免试研究生的选拔、参军入伍的审核等,每一个具体的事务性工作都是对学生进行师德示范的具体载体。

(五)对大学生进行纪律意识教育是职业道德观教育的保障

"不以规矩,不成方圆",职业道德的外在表现就是职业规范。这个职业的人和那个职业的人的差别其实就是行为模式的差别,这种差别在行业内部是通过纪律规范养成的。接受或不接受纪律约束是个人的思想选择,但影响行为模式和职业选择。在学校里,大学生的主要社会身份就是学生,对学生的身份认可就意味着对学生行为规范的认可。各个高校都有大学生行为准则之类的规定,对学生提出了明确的纪律要求。一般地,各个高校会在学生入学时进行"入学教育",目的就是告知学生纪律准则,要求学生建立身份意识。有部分大学生认为自己将来的职业和学生的行为模式是不一致的,所以认为他们没有遵守学校纪律的必要性,这些人没有弄清楚"按社会身份"管控自己行为的思想机理是一致的,如果他现在是纪律的破坏者,那将来也不会成为行为规范的建设者。部队里对干部和战士进行队列和内务训练就是为了培养他们"服从命令"的职业意识,出发点也是如此。

第四节 大学生职业价值观教育

对于现代人而言,职业生活的时间占据了人一生绝大多数时间,愿意为职业生活投入精力并能够在其中获得满足感,对于一个人的生命质量至关重要。"愿意"是一种心理状态,从理性层面看是需求,从感性层面看是感兴趣和适合,是职业价值观的直观反映,即感觉为某种职业付出时间、精力和投入资源是值得的。现代的大学生有一部分轻视自己专业所对应的职业,不愿为之付出努力,而又没有寻找到自己愿意为之付出努力的专业和职业,职业设计迷茫,学业生涯因此停滞。对大学生的职业价值观进行合理的归类,对其根源进行梳理和分析,继而采取有针对性的措施引导大学生建立正确的职业价值观,将大大地促进学生的学习积极性和发展积极性。

一、职业价值的属性

"价值属于关系范畴,是表示客体的属性和功能与主体间需要的一种效用、效益或效应关系的哲学范畴。价值作为哲学范畴具有最高的普遍性和概括性。[①]"有学者据此定义:"职业价值,简言之就是职业对于主体的意义,它体现了职业的属性、功能对于主体需要的满足关系。"职业价值的大小有三个方面的判别标准:一是能否满足主体的现实需要;二是能否满足主体的职业发展动机;三是在多大程度上能为主体职业目标实现创造条件。将职业价值细分,其结构中包含经济价值、政治价值、文化价值、社会价值、心理价值、审美价值等多个方面。

(一)职业价值的客观标准与主观判断

职业价值有一定的客观标准,这里的客观指的是人们对职业价值相对一致的看法,可以排除主观色彩。能否满足个人的现实需要是职业价值的外在表现,具有一定的客观属性。世界各国以及目前我国各省市都有推出的"最低工资标准"或者"工资指导标准",这就是对职业经济价值进行客观统计后的制度性规定。职业的外在属性除工资外还有一些可见的、可比较的特征,例如,职业的劳动时间、劳动强度、劳动条件等,这些特征的客观属性为职业价值的客观标准创造了条件。所以,在社会中人们能够形成某些职业是"好职业"、某些职业是"差职业"的较为一致的判断,也形成了对职业归类为"蓝领""白领""金领"的较为一致的认知。与客观标准相对应,对职业价值的主观判断因人而异,心理学家喜欢从心理特质方面寻找原因。其实,由遗传因素导致的心理差异只是职业价

---

①朱志君.价值与价值评价:主客体关系的深层思考[J].辽宁师范大学学报(社会科学版),2003,26(1):1-6.

值判断差异的基础因素,更为重要的原因在于人的经济、政治、社会身份差异和生活经历不同所造成的分歧。同样的工资水平对不同的人而言其意义大不一样。2000元/月的薪水对于一名没有其他经济来源的农民工而言是一笔还算过得去的收入,而对于一名出身于金融高管家庭的大学毕业生而言,这点薪水只是他一次茶点的消费,不具备生活费的意义。在同样的劳动条件下,人们的心理感受也大不相同,有人会觉得当一名刑警非常辛苦,而有人却乐在其中。职业价值的客观标准是职业价值观的"底色",反映了国家和社会的基本意识形态特征,对职业价值的主观判断是个人阶级身份和社会阶层的具体表现。

(二)职业价值的时代特征

任何事物的价值都会随着人们的具体生活和具体需求而发生变化,职业价值也是如此。首先,职业本身的价值在随着时代发生变化。在20年前,一名专门的汽车驾驶员还是特殊技能的拥有者,今天这项技能已经普及化,从驾驶技术与职业的关系看,驾驶员职业专门的职业价值大大下降。在不同年代人们对职业价值的某些方面有较为明显的追求。改革开放初期,人们较为关注职业的政治价值和社会价值,而将职业的经济价值、劳动条件等放在较为次要的位置。10年前,人们对职业的经济价值非常看重,高工资成了好工作的唯一标准,跨国企业和外资企业以高薪吸引了大批优秀年轻人加盟。现在,人们对职业价值的追求出现了多元化的趋势,在高薪职业吸引力依然不减的同时,公务员、教师等传统职业也成了热门行业。

二、大学生职业价值观的形成和引导

与经济独立的成年人相比,大学生对职业和职业价值的认知并不成熟,缺乏足够的现实基础,容易被舆论所左右。一些学者经过调查,得出了"大学生职业价值的个体取向高于社会取向的特征,体现了中国社会转型与时代变迁在青年学生精神层面的反映"。仅仅得出这样的结论并不是教育者的目的,我们的目的是引导大学生树立有现实基础的、符合国家要求的职业价值观,既要有利于国家的宏观人才培养战略,又要符合年轻人个人成长、成才的发展规律。这种引导不能是简单的说教,经验已经证明,年轻人的逆反心理会将教师的简单劝告丢在一边,而通过同辈亚文化的相互支持却能构建独特的价值体系。与此同时,大学生对于未知世界仍然充满好奇,这种好奇心就是我们对其职业价值观施加影响的抓手。

(一)职业地图的探索

大学生在认知职业的过程中,在脑海里能够形成一个有关职业的数据库。在这个数据库中具体的、现实的职业总是与地理位置紧密相关的,可以在地图中标记出来。一个以职业信息为主要内容的地图就构成了一张"职业地图"。职业地图的空间结构不同于普通地图,因为在这里,重要信息可以被放大,重要职业信息之间的关联可以被突出,而非重要信息可以被缩小,甚至被忽略。从物理学的角度来看,这个地图是扭曲的、失真的,这种扭曲和失真恰到好处地反映了一个人的职业价值观。如果一个人的职业地图中北京、上海、广州的信息多、比例大,说明他去这些地方就业的愿望要明显强于去其他地方,最后也极有可能在这里就业。引导学生将职业地图归类的过程就是指导学生建立职业价值观的过程,基础工作是指引学生围绕所学专业建立行业地图,在地图中将行业内重点单位、重点职位予以标明,并把相关信息尽可能地提供完整。通过信息量的对比,学生会建立"这些单位比较重要"的认知。辅助性工作是将拟重点推荐的单位中校友信息提供在地图上,学生对前往就业会充满了荣誉感,学生能够在情感上接受教育者推荐的职业和职位。基础工作是面向所有学生的工作,而接下来的工作就是根据每个学生不同的情况,指导学生按照自己的职业兴趣和职业资源分别建立"兴趣职业地图"和"资源职业地图",引导学生在这些地图中寻找交集,建立"我的职业目标地图"。这个过程既是价值观探索的过程,也是价值观引导的过程。

(二)职业关系的构建

职业关系包括职业生活中个人与他人的关系,这一关系重在从无到有的建设;也包括职业地图中职业与职业的关系,这一关系重在认知和了解职业间的相关性。如何在职业生涯中构建与他人的关系是每一个职业人都要面对的问题。"思想是行动的指南",有什么样的职业观就会有什么样的职业关系。职业关系的建构包括怎样定义自己的身份、与什么人建立联系、以什么原则与人交往、交往的目的性是否明确等问题。

身份问题是职业生涯中的首要问题,职业身份决定了收入、工作环境、权责范围,本质上是一种角色扮演。我国传统文化中把身份问题看得非常重要,称之为"名",认为"名不正,则言不顺;言不顺,则事不成"。职业身份与血缘关系、学业背景等不同,职业身份不是固定的身份识别特征,是可变的,可以"朝为田舍郎,暮登天子堂"。职业身份认识就是对于个人在社会结构中的这种角色扮演的自我识别和态度。对自己职业身份的识别有"这一身份是永久的"和"这一身份是暂时的"两种认知态度,不同的态度决定了不同的职业关系建构模式。当一个人从职业身份的永久性出发,他不可避免地把职业本身和他个人紧密联系在一起,虽然对个人的职业发展有很大的促进作用,但他在与他人建立职业关系的时候,出发点是他所扮演的角色,其交往是纯粹的职业行为,哪怕在业余时间,他的行为也是依据职业身份的职业行为。反之,当一个人认识到自己职业身份的暂时性时,他与其他人的交往在职业行为的范式中是有限度的,职业行为与非职业行为是能够分开的,他在业余时间是自由的,能够理解和掌握真正的人与人的交往实质。

据此,职业关系的构建可以区分为功利性的职业关系构建和建立在普遍交往基础上的职业关系构建。建立在普遍交往基础上的职业关系是社会主义社会区别于以往社会的重要特征,"过去那种地方的和民族的自给自足和闭关自守状态,被各民族的各方面的互相往来和各方面的互相依赖所代替了。物质的生产是如此,精神的生产也是如此"。教育者应当通过各种交际训练引导学生建立基于情感的、互惠的、能够彼此双赢的职业关系。其中,跨专业、跨年级、跨学校、跨地域的学生交往能够快速训练学生与他人建立和保持关系的能力。教育者也应该大张旗鼓地反对和批判纯粹的功利主义职业关系,功利主义将践踏法律、道德和人间正义。功利主义是资本主义的精神副产品,马克思在《资本论》中曾作过极其生动的引证:"如果有百分之二十的利润,资本就会蠢蠢欲动;如果有百分之五十的利润,资本就会冒险;如果有百分之一百的利润,资本就敢于冒绞首的危险;如果有百分之三百的利润,资本就敢于践踏人间一切法律。"要以身败名裂的腐败分子和投机取巧的犯罪分子为批判典型,让学生引以为戒。学生一旦从普遍交往的原则出发理解了人与人之间的职业关系,就自然能够明白职业与职业之间的关系只是分工不同,没有高低贵贱之分,只要自己喜欢,适合自己的特点,就是能够让自己的人生充满价值的职业。

(三)职业参与意识的影响

参与意识就是职业精神,也就是能够在职业生涯中全身心投入的一种精神,可以认为就是敬业精神,就是对社会的主人翁意识。职业参与意识的核心精神是专业、投入、利他。专业是保证职业行为能够投入的基础,所谓专业就是要熟悉行业规范,掌握行业技能。毛泽东在《纪念白求恩》一文中指出:"白求恩同志是个医生,他以医疗为职业,对技术精益求精;在整个八路军医务系统中,他的医术是很高明的。这对于一班见异思迁的人,对于一班鄙薄技术工作以为不足道、以为无出路的人,也是一个极好的教训。"对职业生涯的投入是参与意识的核心,这里的投入并不是指对工作时间和工作强度的追求,否则古代社会的奴隶将是最具备职业精神的人。这里所说的对职业的投入是指在合法合理的工作时间内的专注程度,是在合理工作强度内的高效率和高质量。利他是职业精神的动力,职业的分工就决定了任何职业都是在为整个社会和他人解决问题的,而不是为自己在工作,获得的报酬是社会对自己的回馈,就工作的本质而言都是利他的。封建社会如此,传统文化提倡"达则兼济天下",资本主义社会也是如此,提倡"人人为我,我为人人"。在我国的革命和社会主义建设时期提倡"毫不利己,专门利人"。毛泽东同志说:"白求恩同志毫不利己专门利人的精神,表现在他对工作的极端的负责任,对同志对人民的极端的热忱。"对职业生活的投入将激发集体主义精神,因为职业永远是结构化的职业,和职业共同体的结构相比,个人的力量是渺小的。马克思说:"只有在集体中,个人才能获得全面发展其才能的手段,也就是说,只有在集体中才可能有个人自由。"就职业观教育而言,我们可以按照上述逻辑从反方向走,将这一问题分解。如果我们能够很好地培育学生的集体主义精神,学生就能够在将来的职业行为中更好地理解"利他"精神;如果我们能够很好地培养学生的专业能力,学生就会更加专业;如果我们能够很好地培养学生对时间的管控能力,学生就能够在有限的时间内解决更多的问题。

(四)个人价值的挖掘

对于个人价值的挖掘,主要是回答"我能做什么""我对别人的意义是怎样的"两个问题。职业对个人有价值,但是这个价值是建立在个人从事职业活动的基础上的,这一价值是动态的,是以个人劳动为基础的,不可能出现一个人不做工作,而获得职业价值的情况。所以,职业价值一方面取决于职业本身的特性,另一方面职业价值的获得取决于个人在职业行为中的表现,即职业中他人组成的外部环境对当事人的评价。人的能动性和人的发展性决定了个人价值的可挖掘性和可增长性,职业价值观教育应该帮助大学生树立挖掘个人职业价值潜力的信心和决心。对个人价值的挖掘不同于前文所述的"自我认知",自我认知是静态的,是对基于确定时间段的个人状态的识别。自我认知仅仅是个人价值挖掘的基础,真正的个人价值挖掘是动态的趋势,是对某一时间阶段,尤其是对未来某一时间阶段发展状态的判断。个人的职业资源与个人的职业价值从某种意义上看是同一问题的两个方面,职业资源越充足则职业价值越高,这是由职业技能的可增长性和职业社会资源的可积累性决定的。能否主动挖掘个人职业价值是形而上地看待人生还是辩证地看待人生的问题。大学生处于青春期中期阶段,身体发育逐渐停止,而精神发育仍然处于迅速和持续的阶段。在此之前的生长和发育让年轻人对成长产生了经验主义的体验和认知,他们会认为成长是"自然"的过程,无须进行过多的思考和专门化的投入。而在大学阶段,身体发育的逐渐停止让大学生对于"发展"的自然状态产生了怀疑:一部分大学生开始寻求新的发展方式,把"自然"过程转为"自主"过程;另一部分大学生则产生了"我就这样了"的错误思想,放弃了"自主"的人生而随波逐流。教育大学生树立主动发展的意识要从学业生涯入手,要通过学习行为和社会活动看到自己在大学阶段的变化,要意识到这种变化不是自然发生的,而是在个人的努力后取得的结果。这种教育活动放在毕业班作用尤为突出。大学生对过去主动发展所获得成绩的认可将构成离开学校后进入职场自主发展的动力。

从实践角度来看,我国的大学生职业价值观教育从过去的以思想教育为主渠道的教育模式发展而来。在统招统分的年代,对于大学生的毕业分配,教育者以公开号召和行政指令的方式进行,所谓的"教育"就是政治动员,甚至有一些强迫的痕迹在里面。曾经片面强调国家需要,忽视了大学生个人对职业价值的追求、对未来发展的设计,以奉献社会和服务他人为唯一准则。在就业市场化以后,大学生自主择业,我们的部分教育者一时无法寻找到合适的教育方法和教育途径,以"入职匹配"理论为指导,接受了以心理差异为测量标志的"价值观多元化"思维,放弃了对马克思主义价值观主导地位的坚持。在实际教育中,在强调"个人"发展的同时,片面强调大学生要以职业为途径"实现自我",忽视了职业的社会价值和意义。这种变化其实走向了另一个极端,是对过去年代的矫枉过正。大学生职业价值观教育只能艰难地在"个人"和"社会"之间寻找平衡点,又要符合科学规律,也要符合国家政策。从职业发展的长远来看,职业价值观影响不仅仅表现在"择业"的一瞬间,更重要的是指向若干年后的未来,教育者要能够驾驭面向未来的职业价值观教育。

第四章 现代化视域下职业教育思想的启发

近些年来,众多专家学者对黄炎培职业教育思想进行过深入透彻的研究。尽管有的侧重其理论体系,有的侧重其实践体系,但是不论哪一种研究模式,都是旨在帮助我们更加全面科学地来认识和理解黄炎培职业教育思想,发扬光大黄炎培先生开创的职业教育事业,以期从中获得有意义的借鉴和指导,积极探索面向21世纪具有中国特色的职业教育发展之路。《中华人民共和国职业教育法》(以下简称《职业教育法》)规定:"职业教育是国家教育事业的重要组成部分,是促进经济社会发展和劳动力就业的重要途径。"因此,结合当今我国职业教育发展所面临的机遇与挑战,研究黄炎培职业教育思想,对于我们全面科学地理解职业教育,推进当今职业教育发展与改革,建立与健全适应社会主义市场经济发展和社会进步要求的职业教育体系,具有重大的理论与实践启示。

第一节 与时俱进,树立现代职业教育理念

职业教育理念作为一种教育哲学范畴,是人们在长期的职业教育理论研究和实践探索过程中,在遵循职业教育发展规律和总结经验的基础上,形成的对职业教育发展具有引领性与指导性的哲学思考和理性认识。可见,职业教育理念是人们对职业教育本质、意义、价值、功能与发展规律等的一种锲而不舍的追求和探索,它既是对"职业教育是什么"的本质探索和价值判断,又能够科学地指明"职业教育做什么"的时代目标和前进方向。现代职业教育理念要求我们发展职业教育,既要坚持人本理念,又要注重服务社会理念;既要坚持可持续发展理念,又要强调国际化教育理念。在职业教育面临跨越式向前发展的今天,当我们走进黄炎

培博大而丰富的职业教育思想宝库时,就会发现,多数科学先进的现代职业教育理念,都能从中找到理论研究与实践探索的思想源泉,能够给我们一种全新的指导与启迪。可以说,黄炎培职业教育思想是我国现代职业教育理念的基石。

一、人本教育理念

坚持人本教育理念,既是职业教育本质的内在要求和价值体现,也是当今经济社会发展的客观需要和必然选择。正如习近平总书记指出的那样:"要树立正确人才观,培育和践行社会主义核心价值观,着力提高人才培养质量,弘扬劳动光荣、技能宝贵、创造伟大的时代风尚,营造人人皆可成才、人人尽展其才的良好环境,努力培养数以亿计的高素质劳动者和技术技能人才。要牢牢把握服务发展、促进就业的办学方向,深化体制机制改革,创新各层次各类型职业教育模式,坚持产教融合、校企合作,坚持工学结合、知行合一,引导社会各界特别是行业企业积极支持职业教育,努力建设中国特色职业教育体系。要加大对农村地区、民族地区、贫困地区职业教育支持力度,努力让每个人都有人生出彩的机会。"黄炎培先生认为,职业教育就是"用教育方法,使人人依其个性,获得生活的供给和乐趣;同时尽其对群之义务"。其目的在于"使无业者有业,使有业者乐业"。为此,他反复强调,职业教育要"从平民社会入手",从而"须下决心为大多数平民谋幸福"。可见,在职业教育中坚持和贯彻人本教育理念,既是提升人力资本质量,由人口大国向人力资源强国目标迈进的必然选择,也是实现社会公平与正义的最好体现,同时也是实现职业教育民主化的必经之路。人本理念在职业教育实践活动中具体表现为:坚持合作式教育,建立和谐、平等与健康的新型师生关系。这要求在师生关系上摒弃权力与服从,加强师生之间平等民主的对话与交流;在教学中把学生个性发展作为出发点和归宿,在合作中培养学生的能力,使其获得知识和技能,从而促进学生的自我实现。要辩证地看待学生之间的差异性,做到因材施教。

二、服务社会理念

注重职业教育服务社会的理念是黄炎培职业教育思想的内在要求与

具体体现。职业教育与社会发展的关系非常密切,特别是在社会经济发展与科技进步方面,职业教育不仅可以生产一般的劳动能力,而且还会改变劳动能力的形态,最终促进社会生产力发展和经济繁荣。也就是说,职业教育能够依据人的能力倾向、兴趣爱好等特征,通过职业教育活动过程,提高人力资本质量,从而充分发挥个体的内在潜能,提高劳动力自身的配置效益,促进生产力的快速发展和经济的全面繁荣,而已形成的劳动能力也会随着生产力的发展需要不断进行更新和改变,这也需要通过职业教育来实现。职业教育的根本任务就是进行劳动能力的生产与再生产,是为社会进步培养技术型或技能型人才,而这又与科学技术有着密不可分的关系。

三、终身教育理念

21世纪是一个学习型社会建设的时代。职业教育的核心要求已不再是教授学生落后社会需要的知识和技能,而是转向积极塑造学生适应社会经济当前与未来发展需求的新型人格。据此,职业学校的根本任务就在于如何使学生学会学习、学会合作、学会生存以及学会发展。坚持职业教育的健康持续发展包括以下主要内容:一是坚持终身教育。终身教育注重人的共生性存在,并为每个人的终身持续、连贯地发展提供了动力支持,以力求在已有水平的基础上实现个体人和作为全人类发展的最大化。职业教育的内容、本质特征以及客观现实需要决定了其不再是一次性的、终结性的教育,它的内容不仅富含职业情趣的陶冶、职业指导的贯彻、职业意识的培养、职业生涯的确定,也包括职业技能的培养、职业能力的训练,然而有些内容不是经过某一段时期的职业教育过程就能完成的。在现实社会生活中,由于人才的职业流动性越来越大,从而促使就业人员在一生中将会经历多次变动职业岗位和更新职业技能,只有坚持终身学习终身受教育,才能终身从业、就业与再就业。二是坚持环境教育。坚持环境教育既是职业教育可持续发展的战略举措之一,也是现代社会经济增长和社会进步的必然趋势和客观需要。通过职业教育,首先要使学生理解保护环境的重要性和紧迫性,树立科学地对待环境的正确态度;通过学校教育与社会实践,传授学生科学的环境知识,提高学生有效地参与环境保护的技能。三是坚持创业教育(又称为"第三本教育护照")。创业型就业与再就业已经成为知识经济时代一种重要的劳动就业形式,成为解决经济问题与就业问题的新思想,为持续解决就业问题找到了新办法。职业教育作为沟通职业与教育的桥梁,作为培养高素质劳动者的能源基地,更要重视对学生进行创业教育,开发和提高学生创业基本素质,培养学生的创业精神和创业能力。在职业教育领域开展创业就业,就是通过教育过程培养学生的创业意识、创业思维、创业技能等素质,使受教育者形成综合性的知识结构,并最终使被教育者具备一定的创业能力与社会应变能力。

四、国际化教育理念

职业教育国际化是现代教育改革和发展的趋势,它既是职业教育本质特征的重要体现和内在要求,也是现代社会发展所必然要求的时代性特征。随着全球经济社会一体化的加速与信息技术的广泛应用,国际化已经成为职业教育发展的一种必然趋势与内在要求。它不再单纯的是一种奢望的教育理想,而是正在全球范围内迅速开展的一系列教育实践活动。在已经走来的知识经济时代,国家之间综合实力的竞争,从根本上来讲是各类人才的竞争。谁拥有数量多、素质高的创造型与创新型人才,谁就能掌控社会经济发展的主动权与优先权,谁才能在激烈的国际化竞争中立于不败之地。作为职业教育现代化的基本动因和目标,国际化不仅成为发达国家职业教育改革和发展的共同抉择和普遍战略,也是发展中国家改变职业教育系统的世界地位和生态关系的客观需要。换言之,职业教育本质上是一项国际性的事业。事实证明,职业教育国际化促进了各国教育市场、人才资源和文化资源共享,为人类跨国界、跨文化地交流提供了可能与搭建了平台。

第二节 以人为本,加强职业道德教育

在日益激烈的市场竞争当中,职业道德素质既是就业者综合素质的核心要素,也是用人单位对就业者的基本要求。职业道德教育作为职业教育的重中之重,加强职业学校的职业道德教育,既是学生学会生存与全面发展的需要,也是职业学校自身生存发展的立足点与衡量学校办学质量的关键指标;既是发展市场经济的客观需要,又是保证职业教育人才培养质量的必然要求。对于职业学校来说,如何提高学生职业道德教育的实效性已成为学校德育工作的当务之急。

黄炎培职业教育思想包含着十分丰富的内容,在他几十年的职业教育理论研究和实践探索过程中,他始终把职业道德教育放在首位,始终注重职业道德的培养与训练。在他看来,职业教育包含两个层面,一是职业知能的传授与学习,二是职业道德的培养与训练,二者相辅相成,缺一不可,离开职业道德的引导与规范,职业教育也就失去了灵魂与意义。职业道德教育包括人格教育、劳动观念教育、爱国主义教育以及服务精神教育等诸方面,但其核心内涵是"敬业乐群"。由此可见,黄炎培的职业道德教育与当今我们进行社会主义现代化建设所倡导的职业道德教育在很大程度上是和谐统一的,仍然有许多方面值得我们借鉴和学习,有着巨大的理论研究价值和实践意义。基于职业教育的目的和本质,借鉴黄炎培先生有关职业道德教育研究与探索的经验,如何坚持以人为本,加强职业道德教育,把职业道德规范有效地内化为学生个体的职业道德知识结构,从而形成契合社会发展要求的道德价值标准和良好职业道德行为习惯。概括起来,有以下几个方面。

一、坚持平等,树立正确的劳动与服务观念

这就要求学生既要树立敬业乐群的观念,又要秉持劳工神圣的信条。职业教育要健康发展,必须打破传统落后观念的束缚,摒弃社会中"非以职业为贱,即以职业为苦""劳心者治人,劳力者治于人"等轻视生产劳动、蔑视职业教育的思想,使每个学生要"对于职业抱有最高之信仰",并深知"职业平等,无高下,无贵贱。苟有益于人群,皆是无上上品",养成学生敬业乐群的良好态度,努力培养学生的劳动思想观念和劳动行为习惯。为此,各级各类职业学校应该在知能培养与道德教育中一律劳动化、实践化,使学生在心理上确立尊重职业的基础,并使之获得正确的人生观与价值观,使人的主体价值得到肯定,同时还要注重对学生进行人格教育与爱国主义教育等。坚持爱国主义教育既是贯穿职业教育的一个主题,又是对职业道德观的升华。每个学生通过职业教育过程,既能够铭记"人生须服务,求学非以自娱。无论受教育至何等高度,总以其所学能应用社会,造福人群为贵",又都能够有一技之长,不畏艰苦,投身于社会主义的现代化建设中,为社会、为国家贡献自己的力量,做到"求学为服务,服务勿忘爱国"。

二、注重实效,教学做相结合

把教师身教和学生自治结合起来。以身作则、以身立教与为人师表是教育职业道德的主要特征,也是教师搞好教育工作的重要保证。就如黄炎培所言:"创业非难,用人为难。"因此,教师的点点滴滴身教通常比言教更能产生良好的教育效果。这就要求教师通过示范性、创造性的教育活动,用自己的一言一行、一举一动去教育感化学生,在潜移默化、耳濡目染中使学生形成完善的人格。此外,学校要实行学生自治教育,通过自制教育过程使学生学会自己管理自己、自己教育自己,自觉践行职业道德规范,养成学生自律主动、合作互助的优良习惯与传统美德,把道德知识传授和实际训练结合起来。职业学校要通过授课、讲座、宣传画册、视频等形式,把各方面有关职业道德方面的正确知识和表率行为内化为学生自己的认知结构,并培养学生对这些道德方面知识应有的态度。学生品德是在实际活动和交往中发展形成的,只有通过劳动与社会实践,才能按照职业道德规范对学生进行严格要求、严格训练,才能使学生把内化的职业道德方面的认知转化为外在实际行动。教师在具体职业环境的实践过程中,引导学生积极参加校内外各种活动,培养学生热爱职业的感情与兴趣。同时,学生在实践中不断加以练习,使自己的言行符合职业道德规范的要求,并渐渐地养成良好的职业道德习惯。

三、美化环境,重视职业道德熏陶与精神陶冶

进行职业道德教育应当与职业院校校园文化建设相契合,充分发挥其环境育人的整体性功能,这是进行职业道德教育的有效途径。努力创造职业道德教育的良好氛围和环境,整洁、优美、富含教育意义的校园文化环境能使学生受到良好的职业道德熏陶与精神陶冶,并有助于提高学生道德素质和修养。学校一方面要积极加强校园软环境建设与管理,积极发挥校歌、校训与校风对学生的激励与约束等诸方面教育作用,利用广播、报栏、网络、壁报等各种校园教育资源,积极营造良好的职业道德的教育环境和舆论氛围,从而实现对学生进行潜移默化的影响和教育,用"润物细无声"的形式使他们在良好的校园文化环境中接受精神的陶冶,领悟生活的价值和人生的真谛。另一方面要大力支持和引导学生开展文明班集体创建、三好学生及志愿者等评选活动,把职业道德教育融入各种具体活动中。同时,要坚决抵制各种消极、腐朽思想的渗透和影响,要不遗余力地揭露和批判不良职业道德行为,弘扬良好的职业道德精神,从而引导校园文化向健康和谐的方向发展。

第三节　面向社会,完善职业教育体系

职业教育的本质和目的决定了职业教育是面向人人、面向社会的教育。因此,大力发展和完善具有中国特色的现代职业教育体系,既是当务之急,也是长远之计;既直接关系到社会繁荣经济、促进就业与再就业、消除或缩小贫富差距、促进公平与正义,也是当前调整优化教育结构、发展与改革整个教育事业与促进各级各类教育和谐发展的战略突破口与关键环节。基于"大职业教育主义"思想理论,黄炎培认为职业教育应贯穿于整个教育过程和全部职业生涯,其具有终身教育意义的体系是"职业陶冶—职业指导—职业教育—职业补习和再补习",职业教育在学校教育机制与制度上的地位是一贯的、正统的和全方位的。这些关于职业教育体系方面的理论对于我们揭示职业教育体系发展规律、厘清职业教育体系与其他教育体系的关系、指导我们发展与完善职业教育体系都具有重要的理论价值和实践意义。构成职业教育体系结构的要素有很多,其中,最基本的是职业学校和职业培训两大要素。依据职业教育的阶段性特征,笔者认为可以从以下几个方面来完善我国职业教育体系。

一、职业陶冶(启蒙)教育

诚如黄炎培指出的那样:"人欲受职业训练,必先受职业陶冶。人受或不受特设职业训练,而断无不受无形之职业陶冶。"可见,职业陶冶在整个职业教育过程中起着非常重要的作用。职业陶冶教育就是指为使儿童将来成为有用的人才,由学校、家庭、社会协调地利用多种手段或途径进行的职业意识和常识的初级教育。通过职业陶冶能够帮助儿童在潜移默化的受教育过程中形成正确的劳动观,养成良好的劳动习惯,达到"养成为己治生、为群服务之兴趣与习惯"的教育目标。

二、职业准备教育

职业准备教育是以学校的职业教育为主体、以就业为导向、以满足经济社会发展多元化需求为根本任务,包括职业指导、学校职业教育与培训在内的各级各类教育。

诚如黄炎培所说:"职业指导,外适于社会分工制度之需要,内应天生人类不齐才性之特征,教育家乃得依之以施教,百业效能赖以增进,人类亦因以获得职业的乐趣。"可见,通过职业指导过程,在帮助学生了解其职业倾向、选择合适的职业和训练、促进社会经济发展、获得职业的乐趣与价值等方面发挥着不可替代的作用。职业学校实施职业指导就是为受教育者给予职业的准备,使其将来找到合适的职业,并且在整个职业生涯发展过程中,自身的个性优势也会得到相应进步。面对当前我国职业院校职业指导存在的问题,首先,学校管理层要转变观念,高度重视学生的职业指导工作,要从被动、应急的就业安置向积极主动的、贯穿职业生涯的指导转变,构建和完善由学校主要领导负责的职业生涯指导机构,管理和落实好学生职业指导的相关工作。其次,学校还要从职业指导的实际工作出发,加强相关课程建设,完善课程体系,将职业指导贯穿于学校教与学的全部过程当中去,并做好毕业生的跟踪服务工作,使学生能够享受到一个相对完整的职业生涯指导教育。职业指导工作的开展还需要专业化的师资队伍,因此,职业学校要有计划地对职业指导人员进行相关的继续教育和培训,使其政治素质、道德素质、业务素质不断地得到提高。最后,职业学校还要建立和健全考评机制和制度,充分调动和合理协调社会各方面力量,利用各种社会资源来推动职业指导工作的顺利进行。

职业准备教育作为职业教育体系的主体,要以"大职业教育观"为指导,从校外到校内都要做好各方面工作。黄炎培曾指出,"只从职业学校做功夫,不能发达职业教育",而是"办职业学校的,须同时和一切教育界、职业界努力地沟通和联络;提倡职业教育的,同时须分一部分精神,参加全社会的运动",这同样也是当今职业教育的理想与追求。即把职业教育的发展与改革纳入整个社会发展运行机制之中,放在整个教育改革的运作中。因此,大力发展现代职业教育,政府要完善相关法律法规和政策,转变政府职能,形成多部门齐抓共管的良好沟通协调机制。同时,加大对职业教育的财政与政策支持力度,调动全社会各方面力量参与职业教育的积极性和主动性。职业学校的基础是建筑在社会的需求之上,而职业教育的根本性质就是社会性,其基本任务也是社会化。至此,各级各类职业学校要加强与社会以及职业界的沟通与联系。无论是职业教育专业的设置、课程教材的开发,还是教学的设计、师资队伍的建设都要适应社会的要求和职业界的需要。当今,职业教育的培养目标是为生产、建设、服务等培养一线实用型或技能型人才,因此,能否培养出"双手万能"的人才是衡量职业教育成败的重要试金石。职业学校要坚持做学合一、手脑并用、产教结合,改进人才培养方案,创新人才培养模式。一方面职业院校要坚持做学合一,合理调整教学内容和课程体系,强化学生的动脑和动手能力,以此加强课程与职业的联系。依据国家职业分类标准和能力要求,将国家职业资格证书制度纳入课程体系与教学计划当中,全面实行学历教育证书与职业资格证书并重的双证书制,使得学校专业教学与国家职业资格标准的具体要求紧密结合,即职业院校要把职业标准转化为适合自身发展需要的课程目标,并在教学计划中制定出职业资格鉴定的要求与标准,使得学生毕业取得学历证书的同时,也可以取得相应的职业资格证书。另一方面,职业院校要积极创造条件,将学生的学校教育与社会工作实践紧密结合起来,使其学校学习与企业实践交替地进行。为了保证人才培养的质量标准,实现科学的、规范的产学合作教育,职业院校还要将真实的企业生产环境引入学校,建设模拟或达到实际要求的生产现场,即职业院校加强校企合作,建立校内的生产性教学实践工厂。只有这样,才能让学生通过在全真的生产实践环境中承担一定的生产任务,深化对所学知识的理解,掌握熟练的实践操作技能,获得综合的职业能力,强化自身的职业素养。

三、职业继续教育

职业继续教育是指人们完成正规的学校教育后,由于工作的需要、自身发展的需要或者兴趣爱好,通过一定类型的教育机构而进行所需知识与技能更新、补充与拓展的一种更高层次的再教育与再培训活动。完善职业继续教育工作,既是提高受教育者素质与能力、建设学习型社会与践行终身教育理念的重要途径,也是进行人力资源投资、发挥我国人力资源优势进而促进经济社会协调可持续发展的重要保证。首先,学习和借鉴发达国家职业继续教育的先进经验,逐步完善我国职业继续教育制度和机制,为职业继续教育的发展提供重要保障。其次,遵循大教育观念,做到因地制宜、因材施教,通过富有弹性的多种办学形式(学校、函授、电大、自考、网络远程教育、培训公司)来实施教育。在教学内容与成就考核方面,要使课程内容尽量贴近社会生活和生产的实际,去除一些理论性过强而实用性不强的内容,同时还要提高成绩考核结果的公信力,提升文凭的社会认可度。最后,加强学历证书与职业资格证书相互转化、相互衔接的工作。

第四节 大力发展农村职业教育

当今社会,我国新增劳动力主要来自农村,然而我国农村劳动力整体文化水平仍然比较低,缺乏适应新农村发展需要的职业技能。开展好、维护好农村职业教育有着重要的当前与长远意义。面对职业教育发展遇到的新问题,黄炎培把"大职业教育主义"作为发展职业教育的新思路与新模式,在回答"如何发展职业教育"问题时,他认为"积极说来,办职业学校的,须同时和一切教育界、职业界努力地沟通和联络;提倡职业教育的,同时须分一部分精神,参加全社会的运动",这成为职业教育社会调节办学方向,将教育工作重心由城市转移到农村。由城市市民转移到农村农民,把农民作为职业教育的主体,进而大力发展农村职业教育的新阶段。黄炎培农村职业教育理论独树一帜,具有鲜明的时代烙印和个性特征,对当今我国发展农村职业教育理论研究和实践探索,具有重大的启示意义。

农村职业教育是职业教育发展的重点和难点,其发展过程至今仍然存在困难与障碍,如思想教育理念落后、经费短缺投入不足、办学定位不准、教学内容与实际需要相脱节等依旧困扰着职业教育的发展。在新的历史起点上,发挥农村职业教育的优势,更好地为"三农"服务,既是开展农村职业教育不懈的追求,也是推进社会公平、构建社会主义和谐社会、建设社会主义新农村的有效措施。为此,应从以下几个方面来积极推进农村职业教育的新发展。

一、转变群众观念

加强对农村职业教育的科学认识,明确农村职业教育发展的定位。要积极推动农村职业教育的又好又快发展,首先要获得社会各界的认同与支持。每个公民都要努力转变教育思想观念,充分认识农村职业教育在发展现代农业与农村经济、提高农民素质和加快农村劳动力转移中的地位和作用,确立农村职业教育在终身教育中的重要地位,大力宣传农村职业教育的重要性,尤其是要切实转变社会中"重普教、轻职教;重城市、轻农村"、职业教育是"二等教育"等的传统观念和社会风气。正如一位学者所言:"农村职业教育的发展,本质性的问题在于农民的受教育权是否等到了真正的尊重。"所以,要办好农村职业教育就必须面向市场,从"三农"的角度来审视农村职业教育如何为变化着的社会经济发展服务。要以职业为本位,农村职业教育作为终身教育的重要组成部分,应当有满足广大农民不断追求人性完美和人生价值实现这一终极性目的。要以学生为主体,农村职业教育要从学生身心发展需要和教育内在本质要求出发,从理论与实践上切实为学生的健康和谐发展创造机会和条件。

二、转变政府职能,努力加大对农村职业教育的扶持力度

当前我国大部分农村劳动力基本素质偏低以及相应职业技能差已经成为阻碍"三农"走向现代化的瓶颈。随着我国产业结构升级和现代化建设步伐加快,导致了一方面是农村大量剩余劳动力需要转移就业,另一方面是在全国范围内出现"技工荒"的现象。可见,当今社会对农村劳动力已经由"体力型"输出为主向"技能型"为主转变。至此,政府要转变为服务型的政府,加大对农村职业教育的各种扶持力度。首先,构建和完善就业制度,政府要从当地农村社会经济发展的实际需要出发,打破县乡教育资源保护的壁垒,淡化其隶属关系,使得城市职业教育资源向农村转移,利用城市职业学校在设备、师资等方面的优势,带动农村职业教育的发展,实现城乡职业教育一体多元化的发展与改革模式,从而建立机制灵活、制度完善的劳动力就业与再就业市场体系。政府要依据地区经济社会发展水平及其对农村职业教育的要求,统筹社会人财物力的投入,以此尽快改变农村职业教育办学条件差、教学设备低劣不齐、师资结构不合理、教学质量差等状况。其次,政府还要鼓励行业、企业、社会团体和个人等社会力量参与到农村职业教育中来,实现在政府统筹管理下各种办学体制并存和谐发展的办学体制。最后,政府要加强政策的系统性和效能性,保证农村职业教育政策"政策(制度)—执行(实施)—检查—评价"这一动态有机系统中的每个环节效果的质量。通过创造积极有利的条件,克服消极因素,保证政策切实得到真正落实。

三、借鉴国外成功经验,完善我国农村职业教育

当今世界许多国家已经把大力发展农村职业教育、培养具有国际意识的新型农民作为国家教育战略的一个重要目标,我国也明确提出把农村经济社会发展切实转移到依靠科技进步与创新和提高广大农民综合素质的科学轨道上来。农村职业教育作为世界性的重要内容,国外一些国家在这方面积累了较为丰富的经验,在某种程度上揭示和反映了农村职业教育发展的规律。积极学习和借鉴关于农村职业教育发展的成功经验和做法，将会给我国农村职业教育发展带来一些有建设性的启示。农村职业教育要与各类继续教育相结合，这是职业教育与农村经济社会结构转变相适应、更加主动与国际职业教育接轨的必然趋势，也是农村职业教育发展的内在要求。加强农村职业教育与高等教育、成人教育等不同类型、不同层次教育之间的相互衔接与相互认证，提高农村职业教育的机动性与灵活性，从而给接受农村职业教育的学生更多的职业选择机会。借鉴美、德、法、日等国家的成功经验，加大农村职业教育的立法、执法力度，出台相应的具体的法律法规，为农村职业教育依法办学、依法管理等提供强有力的法律支持与保障。农村职业教育要注重拓宽知识面。目前我国多数农村职业教育仍旧普遍存在着以胜任特定职业岗位需要为出发点的片面的、静止的教育观念，学生所具备的知识面不宽、社会职业适应性较差，这既不利于学生的就业，也制约着学生的可持续发展。为此，我们要实行"宽基础，活模块"的课程体系，既注重学生核心能力的培养，也顾及学生综合素质的提高，为学生就业或接受继续教育打下良好的基础。

第五章 现代化视域下的高等职业教育专业课程目标开发实践

第一节 高职人才培养目标与专业课程目标

高等职业教育培养的人才其首要特征是具备岗位职业能力,具备从事相关职业的本领。而个体职业能力的形成是通过学校专业课程的学习以及大量的实践训练获得的。专业课程目标直接决定着专业课程的相关内容,因此,高职院校专业课程目标的开发非常重要。下面对高职人才培养目标与专业课程目标、职业能力培养与专业课程之间的关系进行梳理。

一、高职人才培养目标

人才培养目标,即培养者对培养对象的质量和规格的总规定,指明了教育活动的性质和方向,是教育活动的逻辑起点和归宿,是高职院校各项工作的行动指南,是具体课程目标、教学目标细化的依据,同时也是检验其教育质量的重要标准,从总体上规定着高职院校培养什么样的人。

(一)高职人才培养目标与职业需求

人才培养目标属于社会历史范畴,是动态的、针对不同时期对人才的不同需求不断更新调整的。高等职业教育作为与社会紧密联系的一种教育类型,其培养的人才必然要与社会需求相适应。高等职业教育人才培养目标确立的一个依据便是对当前行业、企业的人才需求状况进行分析。纵观我国各个历史时期对高等职业教育人才培养目标的阐述,其内涵不断丰富,且日益明确。但是以就业为导向,以能力为本位,培养适应地方经济发展、企事业单位需要、工作第一线需要的高级专门人才这条主线是贯穿始终的。

回顾我国高等职业教育的发展,其人才培养目标经历了从"高层次实用型人才"到"高等技术应用型专门人才",再到"高素质技能型专门人才",再到"发展型、复合型和创新型技术技能人才",再到把高职教育人才培养的目标定位于培养"技术技能人才",总结发现高等职业教育培养目标的不断更换总是与当时社会、职业需求相关联的。如今,我国的高等职业教育快速发展,培养了社会经济发展需要的紧缺人才,提供了人才资源支撑,从一定程度上促进了经济社会的发展,这与不断更新调整的人才培养目标不无关系。

(二)高职人才职业岗位与职业能力要求

改革开放后,通过对国际先进职业教育思想与经验的学习,以能力为本位的理念进入中国高等职业教育,以职业岗位所需要的职业能力为出发点去落实高职人才的培养,对传统高职教育以知识为本位,实施学科型的课程体系进行了有力的冲击。

职业需求决定着高等职业教育人才培养的目标与类型,而确定职业岗位的职业能力要求是实现人才培养目标的第一步。越来越多的研究表明,职业能力是职业教育学生走向岗位、从事职业工作所必须具备的。而职业能力与职业岗位是密切相关的,只有确定了高职人才工作的职业岗位后,才能确定其岗位的职业能力要求。从职业岗位入手分析职业能力要求,增强了职业能力培养的有效性,同时也有利于加强岗位与能力之间的联系,避免学生的学习内容与岗位要求相脱节,培养岗位需要的对口人才。不同的职业岗位有不同的能力要求,不同的职业能力要求影响着专业课程目标的定位,进而影响专业课程内容的选择。

(三)高职专业课程与职业能力培养

职业教育培养的人才应具备完成未来职业工作的专门知识与技能,具有较强的职业胜任力。而职业能力的获得首先需要学习从事职业活动需要的专业理论知识,掌握专业技能。高职院校学生是通过对专业课程的学习来掌握从事岗位工作所需要的基础知识与基本技能的。因为岗位职业能力具体到高职院校是以专业课程的形式来展现的,专业课程内容承载着岗位工作内容,学生在学习专业课程的过程中发展其专业技能,并参与实训、实习等实践训练逐渐获得岗位职业能力。职业能力对于职业院校的学生来说是至关重要的,他们只有具备了岗位要求的职业能力后,才能胜任岗位工作任务,这是成为一种职业人的基本要求,因此职业教育理应更加关注如何去培养学生的职业能力,专业课程是岗位职业能力培养的载体,承担着培养学生职业能力的主要任务。只有将这一载体更好地与岗位要求相衔接,才能培养出符合企事业单位要求的人才。高职院校需要根据岗位(岗位群)对人才的要求,分析职业能力要求,并在此基础上设计完整的专业课程体系。

二、高职专业课程目标

在我国高等职业教育中,课程一般分为文化课、专业基础课和专业课(包含实践课程)。文化课的主要功能是发展学生的一般能力,为学生以后的可持续发展奠定广泛的科学文化基础;专业课的学习旨在培养学生岗位需要的职业能力,为学生的就业做准备。从专业课程发挥的主要功能来看,其课程目标指的是岗位对学生胜任工作任务的能力要求、掌握某种技能所需要的知识要求以及这门课程对学生素质要求的一种预期结果。这也言简意赅地表明,学生在学习完某门专业课程后,其职业技能、职业知识、职业素质应达到的状态。

(一)高职人才培养目标与专业课程目标

人才培养目标其实质就是研究培养"什么样人"的问题,课程与教学研究的便是"怎样培养"这类人的问题。对于高职而言,"这类人才"的培养主要是通过专业课程的学习来实现的。专业课程目标是专业课程的预期学习结果,是对人才培养目标总要求的微观体现,是一个阶段性的要求,它规定了学生在学习完某门课程后,在知识、技能、素质方面应该达到何种状态。

回顾高等职业教育人才培养目标发展的历程,无论是长期以来的培养一线需要的高端技能型人才,还是新时期培养发展型、复合型和创新型的技术技能型人才,其本质——掌握胜任岗位工作任务的职业能力是不变的。高职院校的专业课程是最能体现其职业特色的课程,也是实现人才培养的"主渠道",因为专业课程蕴含着企业生产需要的工作知识与能力要求。由此可见,高等职业教育对人才专业能力的培养主要是通过学校里的专业课程来实现的,而专业课程具体内容的设置取决于专业课程目标,可见其对于高职人才培养的重要性。专业课程目标是对人才培养目标的具体化,人才培养目标的实现依赖于各门专业课程目标的达成。

(二)高职专业课程目标与课程内容选择

关于确定教育目标,美国教育家、课程理论专家泰勒提出"如果我们制订一个教育计划,那么首先要做的是明确教育目标",然后是以目标为依据,进行课程内容的选择、课程内容的组织和课程学习成果的评价。确定课程目标后,下一步就要根据课程目标来选择和组织课程内容,即课程目标是确定课程内容的首要依据,可以说有什么样的课程目标,便有什么样的课程内容。此外,课程目标的制定情况将直接影响着课程内容的呈现方式,进而决定学生的学习效果,影响到人才培养的质量、规格。专业课程是为培养学生的职业能力服务的,目的是学完这些课程后,学生能够适应岗位的要求,发展自己的职业能力。

由高等职业教育的人才培养目标与专业课程目标所决定,专业课程内容应该选择与未来职业岗位的工作密切相关的理论知识、实践知识。专业课程内容确定后,其内容的组织方式也影响着专业课程目标的实现,决定人才培养的质量。有些课程虽然是根据工作岗位所需要的职业能力来选择的,但是最后仍然以学科逻辑线索来组织课程内容。这样编排的课程,导致学生的学习过程与工作过程没有联系,不能很好地促进学生职业能力的形成。高等职业教育的专业课程在开发时,内容应当是围绕工作任务的能力来确定的,课程内容的组织也应当是按照工作过程来安排的。

第二节 高职专业课程目标开发的现状及问题

一、高职学校专业课程目标开发的现状

学校和专业课教师对专业课程目标的重视程度、理解程度以及执行力度对专业课程的教学产生了极大影响。通过调查,笔者了解到高职学校、教师们虽然都认识到了高职学校专业课程目标的重要作用,但是尚未引起足够重视。个别学校没有制定专门的专业课程目标,很多专业课老师直接把教材当作教学实践标准。另外,关于专业课程目标的名称也不统一,老师们将课程标准、学习目标、学习要求等混用。在访谈中问及"您所理解的课程目标是什么"时,老师们对课程目标的称呼存在分歧,主要情况整理如表5-1所示。虽然它们都是依据课程总目标、职业特点和学生发展特点等确立的,其基本功能或作用具有内在一致性,都起指导性作用,却不能混为一谈。

表5-1 教师对课程目标的认识

序号	称呼	概念	关键词
1	培养目标	等同学校课程总目标,是教育目的在学校的具体化	指导性文件
2	课程标准	对某一学科的课程性质、目的、内容及实施活动要求的规定	
3	教学计划	即课程计划,是教育主管部门制定的对课程设置的整体规划	
4	教学大纲	学校每门学科的教学纲要	
5	教学要求	教学目的任务	
6	教学目标	教案教学设计	

如果说教师对专业课程目标的理解程度影响课程目标实施的效果,那么学校对专业课程目标的态度,则决定了贯彻实施的力度。大多数学校虽然设立了课程目标却不够重视。一些学校没有明确列出专业课的课程目标,或仅是参照国家的人才培养规格简单罗列了课程目标。因此,高职学校应重视专业课程目标,不断加强执行力度。才能保证课程目标不变为形式化的"一纸空谈"。

二、高职学校专业课程目标制定的问题及分析

通过调查和现状分析,发现高职学校专业课程目标制定存在的问题主要表现为:第一,专业课程目标实施过程中过分注重学生技能培养,忽视素质教育。第二,专业课程目标的定位不明确,对课程目标把握不准。

第三,高职专业课程目标的表述空泛,缺乏针对性。已有专业课程目标没有从高职教育的根本性质和特点出发,没有充分体现出高职教育专业课程目标的职业性特点。第四,在高职专业课程目标实施过程中,对专业课程目标缺乏进一步拓展和及时更新,导致课程目标跟不上企业实际需求的变化发展。此外,专业课程目标的评价标准单一,多元化考核不足等。

（一）高职学生的素质教育体现不充分

学生是课程目标制定的基本来源之一,但目前的专业课程目标未能充分考虑学生个性化发展、职业生涯发展等需要。专业课程目标应坚持"以人为本、统筹兼顾"促进个人的全面发展。学校除了培养毕业生未来岗位所需职业能力外,还应促进学生个人的全面发展（包括学生身心发展和未来职业生涯发展）。在就业形势日益严峻的现在,专业课程目标既要考虑技能训练和能力培养、突出实践能力,又要兼顾人的全面发展,注重学生的创新意识、思想品德、全面人格的形成等方面。表5-2是摘自调查学校数控技术专业的部分素质目标的要求,从中可以发现学校对学生素质目标的表述不够具体、精确。虽然从文字表面上来看确实都是正确的描述,但是其具体可操作性却没有提及。这些也说明高职院校对学生素质目标的制定只是"止于形式",无法对应课程目标的素质要求,更没列出"美术欣赏""音乐鉴赏""文学欣赏"等素质课程的实施标准及效果。

表5-2 数控技术专业的素质目标

学校	素质目标
1	①热爱祖国,拥护中国共产党的基本路线 ②能够爱岗敬业,具有进取精神、创业精神和良好的职业道德 ③能够德、智、体、美等方面全面发展
2	①思想素质:热爱国家,拥护党的领导,有正确的人生观、价值观、世界观,遵纪守法,为人正直诚实,具有良好的职业道德 ②文化素质:具有良好的文化基础和修养;具有学习能力和人际交往能力 ③心理素质:具备一定的文学和美育知识,具有良好的心理素质和较强的自控和适应能力,具有团结合作的能力

续表

学校	素质目标
3	①思想政治素质:热爱国家,拥护党的领导,具有很强的法律意识和自觉性;具有科学的人生观、价值观 ②职业道德素质:遵纪守法、勤奋好学、保守机密、爱岗敬业、诚实守信 ③文化基础素质:能够掌握社会、自然和人文地理等常识,拥有文化艺术修养底蕴;具有计算机应用知识,能掌握现代化办公设备;掌握一门外语 ④身体心理素质:具备健康的体魄和良好的心理素质,具备抗挫折能力

（二）专业课程目标的定位不明确,实施难度大

高职专业课程具有自身的特点,即使同一门专业课程科目,置于不同的专业下其目标也会不一样。市场需求分析是明确专业课程目标定位的有效方法之一。高职专业课程目标应进行需求分析,即工作任务与职业能力分析,根据行业各岗位对人才数量的总体需求情况确定专业定位。调查中虽然大部分学校都会在确定课程目标前进行需求分析,但部分院校并非通过调查获取最新一手资料进行的需求分析,而是通过搜索文献获悉相关资料。因为没有直接调研或进行人才需求调研的理论与方法不恰当,无形中被一些似是而非的经验型观念指导,导致专业课程目标针对性不强。因此,进行确定课程目标前既要进行"企业人才需求"调研,要选好理念和方法。专业课程目标的定位应以专业面向的职业岗位工作任务职业能力分析为中心,在深入分析岗位所需职业能力的基础上进行专业课程目标定位。

（三）专业课程目标表述空泛

一些学校由于对课程目标的内涵认识不够深刻,将课程目标完全等同于专业培养目标,其课程目标几乎就是完全照搬专业培养目标。这种不具体的课程目标表述严重影响课程目标的实施及教学环节。高职专业课程目标的描述要求具体、明确,突出职业特性,但是实践中关于每个具体课程目标的描述却是泛泛而谈,无法突出职业特性,加大了课程目标的实施及评价难度系数。我们以机械类专业的一门专业核心课程"机械设计"为例,"机构的组成及机构运动简图"和"传动、轴系等机械零部件"是其中的重要学习内容,将这部分的课程目标表述为"能掌握常用机构的运动原理;能够掌握通用机械零部件的设计方法"就不如"了解各种机构类型,掌握其运动特点及演化形式;掌握轴的结构设计;了解轴承、螺纹连接、键连接、联轴器等的类型及特点,掌握其设计与选择"更能明确的表达具体的课程学习内容。明确、具体的高职专业课程目标应该包括三方面要求:第一,语言上言语要清晰、明确、具体,不能模棱两可;第二,在术语规范上专业知识和技能描述尽可能使用通用的专门术语,使学生更容易理解、接受和使用;第三,所用语言必须是确切的,没有疑问性的表达。

(四)专业课程目标缺乏一定拓展和及时更新

由于现代社会科学技术飞速发展,社会人才需求转向高技能型人才。这类人才不仅要具有一定的专业知识,还要能综合运用各类知识现场解决生产过程中的实际问题(如维修设备等),要富有创新能力(能够自行改良生产方法或流程),能独立组织或完成或协同团队完成一定的项目,并能在岗位上有继续学习知识的能力。可见,社会市场更需要人才素质的专业能力,特别是方法与社会能力。这些能力的实现需要人才培养目标转化为具体的课程目标才能获得。但是,高职专业课程目标在实施过程中,对专业课程目标缺少进一步拓展与及时更新,导致课程目标跟不上企业实际需求发展步伐。走访中X学校的X老师反映:"……机械类专业现行课程目标多年一成不变,专业课程内容理论偏多,无法突出高职教育特色,应该与时俱进地进行相应修订。"此外,高职专业教学实践过程的情境性、学生个性的多样性发展也要求课程目标的及时更新。因此,高职专业课程目标不能只关注既定课程目标,而应与时俱进,及时更新,不断拓展发展,整合企业所要求的专业能力、方法能力和社会能力。

第三节 高职专业课程目标的开发与制定

目前高职院校在课程开发的过程中对如何开发与制定课程目标这一环节没有给予必要的重视,通过对有关高职院校课程开发的成果、国内出版的职业教育课程开发与实施的著作以及国外职业教育课程开发的相关资料进行分析,对于课程目标确定的这一环节大多没有进行详细说明与描述,课程目标应该如何开发?采用什么方式、方法?制定的步骤等内容都不是很清楚。因此,有必要开展针对课程开发过程中课程目标开发问题的相关研究,本节主要针对高职院校专业课程开发中专业课程目标的开发进行研究。

一、高职专业课程目标开发的借鉴

CBE(Competency-Based Education,能力本位)课程模式,世界上比较典型的职业教育课程开发模式,主要由20世纪60年代北美推出的。以能力为核心,强调对岗位知识、技能的分析与分解,并将其转换为职业院校的课程。20世纪90年代后期源于德国的学习领域课程模式,提出了典型工作任务的概念,实现了理论与实践教学的融合。这两种方法在我国都得到了应用,目前高职院校应用的课程开发方法基本上是对这两种课程开发方法的借鉴与改造。本节以这两种方法为基础,借鉴其合理因素,研究高职专业课程目标开发的方法。

（一）能力本位课程开发模式

起源于北美的CBE课程模式,又称"能力本位课程模式",于20世纪90年代传入我国,在各个职业院校实行、推广。其课程理念是以能力为根本,从岗位需求出发,以具体工作任务和职责为课程内容组织依据,强调针对学生胜任岗位能力的培养。

与传统以学科知识为基础的课程模式相比,"职业能力"是CBE课程模式的典型特征,它指的是完成工作任务的胜任力,课程内容是围绕岗位的职业能力展开设计的。实现这一过程的重要技术是DACUM(Developing a Curriculum,教学计划开发)方法,将岗位职业能力转换为职业院校的专业课程,它是CBE课程模式的核心。具体的做法为:DACUM研讨委员会成员利用DACUM能力图表,使用头脑风暴法,集中讨论工作岗位所需要的能力并总结得出职业岗位工作任务分析表,然后按照工作任务表中的任务模块相对应的方式来设置职业教育课程门类,并根据表中的专项能力要求设计学习模块,以此为依据开发具体的学习内容。

CBE课程模式中值得借鉴的是,在职业分析得出的工作任务分析表中,对胜任工作任务的职业能力要求进行了分析,而这正是以职业能力为基础开发课程的关键,因为这些要求具体到职业院校里便是任务所对应专业课程的课程目标。但是不容忽视的是,对于这些职业要求是如何从工作任务中得出来的,将能力要求转换为专业课程的课程目标,CBE课程模式并没有论述,而是直接从岗位要求转换为相应的专业课程内容。

(二)学习领域课程开发模式

学习领域课程源于20世纪90年代的德国,是将理论与实践结合起来的职业教育课程模式。学习领域是以职业任务和行动过程为导向的,通过目标、内容和基准学时要求描述的课程单元。

区别于CBE课程对职业能力的理解,学习领域课程模式中对职业能力进行了重新定义,指的是从事一门或若干相近职业所必备的能力,是个体在工作、社会活动和私人情境中科学的思维、对个人和社会负责任行事的热情和能力,是科学的工作和学习方法的基础。强调的是综合的职业能力,关注个体发展的不同方面,如思维、方法、能力和价值观等。

学习领域课程的主要开发步骤有:工作岗位选择、职业中典型职业工作任务的确定与分析、学习领域的表述、设计学习领域课程。其核心是通过召开实践专家研讨会对职业岗位中的典型工作任务进行分析,然后根据分析结果设计学习领域课程。学习领域课程描述时需要具体阐述以下几方面的内容:学习目标、工作与学习内容、工作对象、工作要求等。在学习领域课程中用"学习目标"来表达课程目标的概念,分析学习领域课程开发的相关案例,其"学习目标"是如何确定的,具体的方法与过程没有详细论述。学习领域课程提倡对学生综合职业能力的培养,强调能力的迁移性,不再局限于某一具体岗位的操作能力,这是符合现代社会对技术技能型人才的要求的,但是具体到课程开发的过程时,根据典型工作任务确定学习目标的过程并不是很清晰。

学习领域课程模式中,值得借鉴的是其任务分析的对象是职业的典型工作任务,颠覆了CBE课程模式着眼于岗位具体工作任务的分析,强调对工作进行整体性的把握,典型工作任务是存在于职业实践中的综合化工作任务,重视对职业综合能力的培养,是实现高职院校高素质专门人才培养的合适载体。所以本研究在总结两个经典的课程开发模式后,吸收两者合理的因素并结合我国高等职业教育的特点,提出高职专业课程目标的开发方法。

二、高职专业课程目标开发

(一)高职专业课程目标开发的理念

1.以职业岗位为依据,分析典型工作任务

需要特别说明的是,CBE课程模式分析的是职业的典型工作任务。CBE课程模式倡导从岗位的基本技能出发,把工作任务要求细化成一条条具体的、独立的操作要求,学生的任务就是掌握各项明确规定的技能。而学习领域课程模式中提到的典型工作任务,它从整体上概括了一个职业的内涵,是一个过程结构相对完整的任务,在某个职业中具有典型性与代表性。学生通过对典型工作任务的学习,发展综合职业能力,对将来从事的职业有一个整体上的把握,而不再局限于具体的岗位。所以本研究专业课程目标开发中的职业能力分析针对的是职业的典型——工作任务。由企业专家与专业课教师分析、归纳出专业所面向职业的典型工作任务。通常一个职业包含10~20个典型工作任务,每个具体的典型工作任务对应职业院校里的一门专业课程。典型工作任务确定后,整个专业的课程框架也就确定了。

2.以典型工作任务为依据,确定职业能力

与企业工作过程密切相关,来源于职业活动的典型工作任务,其本质特点是工作过程的完整性、综合性,是将个体与岗位联系起来的纽带,在专业课程目标开发中处于特殊地位。从实际工作的视角看待典型工作任务时,它是胜任工作的职责要求;从我们个体的视角出发,它就是完成工作的能力要求。典型工作任务的确定是课程目标开发的基础,接下来要深入分析典型工作任务的职业能力要求,方法是通过对典型工作任务所包含的不同专项任务进行分析、总结完成不同专项任务所需要的能力要求,最后汇总形成完成典型工作任务需要具备的职业能力。

3.以职业能力为依据,确定专业课程目标

职业教育研究者徐国庆曾提到开发职业教育课程,要根据岗位职业能力确定课程目标,才能实现岗位要求与课程的衔接,而职业能力是根据岗位的工作任务来确定的。基于此理念,高职专业课程目标的开发首先应该定位专业所面向的职业,然后分析存在于职业中的典型工作任务的职业能力要求,最后以职业能力要求为依据确定专业课程目标,如图5-1所示。

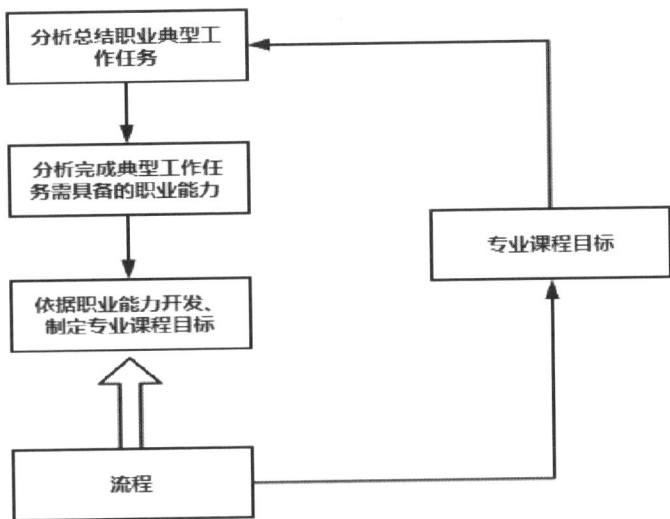

图5-1　专业课程目标开发的流程

(二)高职专业课程目标开发的人员

职业教育课程开发是一项非常专业的活动,对相关理论与技术要求都非常高,需要来自各个领域的专家参与。本研究主要针对的是专业课程目标的开发,因此,在此部分主要论述对目标开发过程发挥核心作用的人员——实践专家与专业课教师。

1.实践专家

实践专家指的是与本专业相关的具有丰富经验的一线工作人员,如优秀技术工人和技师,可以是班组长、车间主任和基层管理人员(一般邀请10～12人)。在上面研究的基础上,可以看出典型工作任务在整个专业课程开发、专业课程目标的确定过程中具有举足轻重的作用。而实践专家是最熟悉典型工作任务工作过程、工作方法等内容的人员,对工作要求有着清晰的把握,因此,实践专家是专业课程目标开发中不可缺少的关键主体。实践专家在专业课程目标开发的过程中,主要的任务是分析胜任典型工作任务的职业能力。

2.专业课教师

专业课教师的功能更多的是集中在专业课程目标的制定阶段,目标来源确定后,还需要根据学校教育教学的要求对具体目标内容进行组织与表达,承担这项任务的主要人员便是高职院校的专业课教师。专业课教师参与专业课程目标开发与制定的全过程,对其后续落实课程目标以及教学目标时有很大的帮助,因为参与了整个过程,懂得专业课程目标的来源以及重要性,从而使得教师对专业课程内容有了更清醒的认识,能够更有效地开展教学活动。

在正式分析职业的典型工作任务之前,需要参与专业课程目标开发工作的专业课程教师实地进入企业调研,观察整个工作过程,通过与企业专家、技术工人交流,了解企业工作的相关内容,并做好记录。教师在深入工作一线调研时,可以借助表5-3当中的引导问题有针对性地去观察、了解岗位工作过程、工作对象与主要技术等知识。教师走出学校,走入企业的目的是使参与课程目标开发工作的专业课教师掌握关于职业活动、工作内容的第一手资料,以备在典型工作任务描述、职业能力转换为专业课程目标时,做到科学、准确。

表5-3 工作任务记录表

记录项目	内容或要求
工作岗位	——
典型工作任务	——
工作过程	——
工作方法及所用工具	——
工作及技术要求	——

(三)高职专业课程目标的结构

要想开发出科学合理的专业课程目标,需要确定专业课程目标的结构。美国著名心理学家、教育学家布鲁姆将教育目标分为认知、动作技能和情感三大领域,对高职专业课程目标框架的确定有一定启发作用。在借鉴布鲁姆教育目标分类理论合理内涵的基础上,结合其自身的特点,将专业课程目标的结构设置为两部分:第一部分为总体描述,阐述该门专业课程总体的要求,它是课程的总体用意,宏观地说明课程要达到的目的。总体目标在描述时可以典型工作任务为参照,用总结性的一段话概括出课程要求。第二部分为具体的目标内容,包括知识目标、技能目标、素质目标,即分成三方面来对学生的专业课程学习结果要达到的程度进行描述。

1.知识目标

主要指的是原理、概念类的陈述性知识和关于如何操作类的程序性知识。高等职业教育培养的是技术技能型人才,其核心是职业能力,无论是知识目标还是技能目标都是围绕职业能力展开的。在高职院校专业课程目标开发的过程中其知识目标同样源于对岗位职业能力的分析,将具备某项职业能力所需的能力要求转换为专业课程的技能目标,而掌握某项技能所需的知识,便是专业课程目标当中的知识目标。比如,某高职学校数控专业能力目标要求学生"按照机械加工相关技术要求,完成零件的数控加工",学生为了实现此项目标,需要掌握的知识目标则包括"理解零件加工技术要求、知道数控机床的操作规范、掌控零件的加工方法"等。在实际专业课程目标的制定过程中,对每条技能目标进行分析得出具备某项技能所需要的知识要求时,可能会出现要求重复的现象,这就涉及后续的目标汇总排序过程。

2.技能目标

指的是学生在已有知识的基础上,通过参与实践训练获得的技术技能。布鲁姆教育目标分类学中的技能目标是高等职业教育专业课程目标制定尤其关注的,因为职业能力培养是职业教育的核心目标,而职业能力的获得很大程度上是通过大量技能训练来实现的。技能目标关注的是学生实际做的能力,在具体的技能目标表述中是以"能"或"会"等动词来表述的,培养的是学生未来从事某一职业所必需的能力。本研究将职业能力定位综合职业能力,从能力的内容角度,综合职业能力是由专业能力、方法能力以及社会能力共同构成的。技能目标主要致力于对学生专业能力的培养。

3.素质目标

素质目标具体到高职专业课程目标时指的是职业态度、素养、情感和价值观等方面的发展,如"学生应能够以合作的方式完成零件的安装与调试"。高等职业教育人才培养目标明确指出应该促进受教育者全面发展,包括德、智、体等各个方面,但现实中高职院校通常只重视对学生进行知识技能的传授,这样容易造成忽视对受教育者某些非智力因素的培养。当前在学生就业中,职业素养、职业道德的重要性已成为共识。用人单位越来越关注员工各方面素质的发展,比如独立工作的能力,团队合作能力、创新精神、认真严谨的职业态度等。因此,要使高职人才培养目标得以真正贯彻落实,还应该从各方面加以明确规定。

高职专业课程目标在借鉴布鲁姆等人的教育目标分类的基础上,将专业课程目标的框架划分为知识、技能与素质三大类,有助于解决一些高职院校过分重视学生知识、技能的传授,忽视非智力因素的培养的弊端。明确规定专业课程目标的结构,从各个方面关注学生的发展,培养学生的综合能力。

(四)高职专业课程目标开发的方法

1.确定专业所面向的职业岗位

课程开发首先需要调研市场,根据地区、市场人才需求结合学校自身办学条件,筛选出拟开设专业。其次是确定拟开设专业所面向的岗位,目的是分析岗位中的典型工作任务。确定专业所面向岗位的主要方法有:一是汇总不同企业专家对于某专业所针对职业的观点,选择其中出现频率较高的职位;二是分析该专业历年毕业生就职的岗位,为确定职业提供参考;三是以地方经济发展、学校的办学特色以及该专业的发展方向为基础,深入思考该专业所面向的职业。

2.分析职业岗位的典型工作任务

典型工作任务描述中隐藏着该职业典型的工作内容。它与专业课程目标的确定有着直接的关系,是制定专业课程目标的来源,只有准确把握典型工作任务的内涵及工作过程后,才有可能科学地确定专业课程目标与专业课程内容。分析职业的典型工作任务是实现专业课程目标与职业能力要求对接非常重要的环节。典型工作任务是通过实践专家研讨会的方式来获得的,主要步骤如下。

(1)举行实践专家研讨会确定研讨会主要成员

实践专家研讨会由各专业的课程开发人主持,参加者为实践专家和参与课程开发的专业教师。其中,实践专家8~10位,专家的选择标准如下:①具有丰富工作经验的一线工人,如优秀技术工人、技师和高级技师,可以是班组长、工段长和车间主任。②专家从事的工作与被调研的职业相符,有10年左右的工作经验。③接受过与所开发课程教育层次一致的职业教育(如中职或高职)。④所在工作岗位的技术比较先进。⑤专家所在的企业可以是国有、民营、合资等,大、中、小型企业均可。⑥不选择人事管理部门人员,不选择兼职教学的企业专家。

(2)表述典型工作任务

典型工作任务的框架确定后,专业课程目标开发人员要对典型工作任务进行详细描述。在这个过程中实践专家负责从实际工作的角度勾勒典型工作任务的基本内容,然后由专业课教师做进一步的详细描述。教师具有去企业参观的经验,在这个阶段对于实践专家所阐述的内容更容易理解,而且在对典型工作任务进行具体描述时更全面。

3.分析典型工作任务中的职业能力要求

在学习领域课程模式中,典型工作任务确定后,接下来是学习领域课程的设计,主要包括描述职业行动领域、描述学习目标、确定工作和学习内容。可以看学习领域课程模式中用“学习目标”的概念来表达课程目标,但是课程开发过程中并没有针对“学习目标”是如何确定的进行阐述。在学习领域课程标准中“学习目标”是很重要的一项内容,它是确定工作与学习内容的基本依据,它应该有科学的开发与制定过程。因此,在典型工作任务确定后,借鉴CBE课程模式开发方法,继续分析胜任典型工作任务所需要的职业能力要求。此处的职业能力要求经过科学、规范的转换后就是高职院校的专业课程目标。提炼典型工作任务的职业能力要求使用的方法是通过对典型工作任务中包含的各专项任务的分析,目的是挖掘存在于专项任务中的知识、技能等要求,并对这些要求进行汇总。最终总结出胜任典型工作任务必须具备的职业能力,这里的职业能力要求便是"学习目标"制定的依据。

三、高职专业课程目标的制定

(一)高职专业课程目标制定的原则

1.专业课程目标要服务于高等职业教育总的培养目标

高等职业教育培养的是技术技能型人才,在总目标的指导下又有不同专业的培养目标、具体课程的目标。处于宏观层面的总目标为确定专业培养目标提供了方向与依据,保证了人才培养的规格。专业课程目标又是根据专业培养目标具体规定某门专业课程在知识、技能与素质方面的基本要求,预期学生在学习专业课程后达到的状态,为实现总的目标服务。所以在制定专业课程目标时,应时刻注意服务于高等职业教育总的培养目标,与总目标保持一致。

2.专业课程目标要由企业与学校共同参与制定

企业所需岗位职业能力的获得在高职院校主要是通过对专业课程的学习以及大量的实践训练来实现的。其专业课程要求,即专业课程目标应源于企业岗位的工作要求,行业、企业专家,优秀技术人员无疑是最熟悉这些要求的,所以专业课程目标的制定需要由企业专家参与。除了企业人员还需要学校的积极参与,将岗位能力要求转换为专业课程目标,还需要经过系统的归纳与凝练,学校教师负责将岗位要求按照学校"教育性"要求进行转化,并最终确定专业课程目标。高职院校要加强与企业合作共同制定专业课程目标,编制突出岗位职业能力培养的目标体系,充分体现岗位要求,加强目标与岗位之间的针对性。

3.专业课程目标要关注学生的职业生涯发展

专业课程目标的制定,一方面要以行业、企业的需求为导向,培养学生胜任岗位工作任务的能力,体现专业课程内容的"职业性"。另一方面也要考虑学生自身的需求、兼顾学生的全面可持续发展。现代社会对高技能人才的要求已经不仅仅局限于岗位适应能力,更多地要求工作人员具备综合处理复杂问题的能力,对工作任务的创新式处理能力等一些复合能力。专业课程目标来源于岗位职业能力要求,体现的是当前岗位能力目标,但还要考虑到社会在发展、科技在进步等一些不断变化的因素,这就要求专业课程目标在制定时要具有前瞻性,为学生将来的职业生涯发展服务。

4.专业课程目标要注重目标的及时更新

在社会经济、科学技术快速发展的今天,社会对高素质技术技能型人才的需求量越来越大,同时对技术技能型人才的能力与素质也提出了更高的要求。作为与社会联系最紧密的一种教育类型,为社会发展提供所需要的人才是高等职业教育义不容辞的责任,同时也是高等职业教育自身发展的机会。体现岗位要求的高职专业课程目标也要瞄准社会需求,紧随企业的步伐,实时更新调整具体目标内容,优化课程目标。及时根据社会、市场发展变化不断更新、调整专业课程目标,加强高等职业教育培养的人才与社会需求之间的联系。

(二)高职专业课程目标制定的过程

在前面研究的基础上,高职专业课程目标分为技能目标、知识目标和素质目标三部分,接下来要确定这三部分的具体目标内容。通过典型工作任务分析,得出了典型工作任务与职业能力关系表。接下来就要依据此表格进一步细化,得出某门专业课程具体的课程目标,从而为后续专业课程内容的确定打下基础,此步骤是将职业能力转换为专业课程目标的过程。下面将针对典型工作任务与职业能力表示具体的课程目标转化、过渡进行梳理。

通过召开研讨会的方法确定专业课程目标的具体内容,研讨会需要由专业的课程专家来担任主持人,参与专业课程目标开发的教师为会议主要成员。因为将岗位职业能力要求进行分析、概括,制定出专业课程目标,这个过程涉及很多专业性的知识。比如,专业课程目标制定时需要考虑的价值取向,专业课程目标的正确表达方式等必须要综合考虑,才能保证专业课程目标的科学性与合理性。会议正式开始前,要确保每位参会代表手里有一份典型工作任务与职业能力分析资料,该资料是后续工作的基础。

会议的主要工作如下。主持人向参会专业课教师介绍此次会议的主要内容,阐述会议目的与需要完成的任务,即确定具体专业课程的课程目标。首先要做的是分析表中职业能力要求,提炼出学生具备这项职业能力在技能方面要达到何种要求,比如对职业能力进行逐条分析,总结出职业能力涵盖的所有技能要求。其次是根据这些技能要求分析学生获得这项技能应该"知道""理解"的内容,即在知识方面应该达到什么标准。在概括知识要求时,是以技能要求为参照系进行分析的,将分析得到的技能要求与知识要求由专业课教师按照学校教育教学要求表达出来,形成知识目标与技能目标。除了知识目标与技能目标外,专业课程目标框架中还有一项重要的内容,即素质目标。要培养合格的职业人才,其职业素质是必不可少的。分析调查回收的资料,发现多门素质目标的表述大同小异,具有普遍性。合理的素质目标应该与具体专业课程相结合来制定,体现专业特色。在实践专家分析完成典型工作任务所需职业能力的过程中有一项内容是对职业素养的分析,这是制定素质目标的依据。此外,专业课程教师去企业调研时,除了要观察企业工作过程等内容外,也要留意企业在职业素质方面希望学生具备什么样的特质。最后,依据要求制定出具体的素质目标。

(三)高职专业课程目标的序化

完整的专业课程目标确定后,还需要对其具体内容进行序化。所谓序化专业课程目标,指的是对已确定的技能目标、知识目标、素质目标按照一定的逻辑顺序进行排序的过程,目的是选择一种最佳的方式来安排专业课程目标。在对专业课程目标排序前,课程目标的编制者要对学生、教师、课程资源等相关因素进行综合考虑。学生已有的认知结构是需要充分考虑的,知识只有放到具体的情境中才能更好地被学生吸收、掌握,即首先确定易于学生理解的目标,后续的目标建立在对前面目标知识的掌握基础上。应从教师角度出发,因为课程目标的排列顺序只有被教师接受,才能发挥其功用,指导课程内容的编写以及在教学中按照目标要求指引学生的学习方向。课程资源等内容也是目标排序过程中需要兼顾的一方面,比如说目标实现过程中所需要的设施设备的可用性等。这就要求课程目标开发者在对课程目标进行排序时,要综合考虑以上各种因素,力求在各要素之间达到一种平衡。关于具体的目标排序方法,最常用的是依照"已达共识的逻辑顺序",主要是教师根据多年的教学经验,结合以往学生对目标的完成度,对目标进行组织的一种方法。无论采用何种方法,目的是以一种相对来说最佳的方式来安排专业课程目标,最大化地发挥其对于课程内容的指导作用。

论述至此,专业课程目标的开发与制定就完成了,在实际课程开发工作中,专业课程目标确定后,就要依据目标来选择、组织专业课程内容。将专业课程目标的结构在总体上分为两大部分,第一部分是总体概括,以围绕典型工作任务的具体内容进行描述。第二部分是三类目标,知识目标、技能目标与素质目标。这是与我国高等职业教育课程开发的具体过程相联系来设计的,在实际调研中发现当前各个高职院校的专业课程目标的表述方式基本上都是采用此结构框架,说明了此结构的合理性,而且这种明确的课程目标结构对于选择课程内容的指导作用,对于教师确定教学目标,评价学生学习效果来说,也更清晰、更有利。但是一定要明确的是三类课程目标的来源是典型工作任务,它强调工作过程的完整性,所以在目标的第一部分,采用一段概括性语言对目标总体要达到的要求进行阐述。也就是说专业课程目标应体现此课程对学生"学习结果"和"掌握的特定知识、技能和态度"等的描述。

第六章 现代农村劳动力职业教育培训实践

第一节 现代农村劳动力职业教育培训问题概述

一、相关概念阐释

（一）职业教育

黄炎培曾说："职业教育，以教育为方法而以职业为目的者也，施教育者对于职业，应有极端的联络；受教育者对于职业，应有极端的信仰。""职业"即是职能和行业，是具有社会属性的人参与社会分工，利用专业知识和技术为社会创造物质和精神财富。"教育"是社会发展、人自身发展以及人类文明发展的产物，是一种提高人的综合素质的实践活动，可以影响人的身心发展。所以职业教育应该可以理解为，对受教育的具有社会属性的人实施可以从事于某种职业或者生产劳动所必须掌握的职业知识技能和职业道德的一种活动。职业教育包括职业学校教育和职业培训，其中职业学校教育是指各种职业技术学校、技工学校、职业高中、高等职业学校。

职业技术学校主要培养的对象是以青少年当中不再继续接受普通教育的人群为主，一般招收初中及初中以上的毕业生，大多数职业技术学校所招收的学生基本不具备从业经历。职业技术学校的学制一般为2～3年，其中1～2年的时间学习技术类的知识以及对受教育者进行职业道德教育，一年的时间用于学生进行实习培训。职业技术学校在职业教育的体系当中属于培训内容比较全面、周期较长的教育模式。此外，职业教育还包括短期的职业培训，职业培训主要是针对职工的就业前培训、下岗职工的再就业培训等，这类的培训时间较短，并且主要针对已经就业或者失业的人员进行针对性比较强的短期职业培训。职业技术学校教育和职业培训均是侧重于实践技能和实际工作能力的培养,在满足个体的就业需求和工作岗位的客观需要的同时,推动社会生产力的发展。

(二)职业培训

职业培训属于职业教育体系的一部分。职业培训的种类主要包括技能培训、劳动预备制度培训、再就业培训和企业职工培训,在培训层次中分为初级、中级、高级职业培训。一般情况下,由职业技术学校、就业训练中心、咨询公司等各类职业培训机构来承担劳动力的职业培训工作。职业培训是一种对在职劳动者的职业能力和综合素质的提高的培训,为适应经济社会发展的需要的技术培训。

职业培训区别于职业技术学校的教育主要表现在培养对象、培训模式以及培训周期等方面。职业培训的直接培养对象是针对在职或具备从业经验的劳动者,主要的培训目的是使受教育者在短时间内提高某个方面的职业技能,一般不包括文化水平和综合素质的培训。短期的职业培训模式一般是为了实现劳动力的岗位技能需求,进行相关岗位或工种的技术业务知识和实际操作能力的培训。职业培训的培训内容一般涵盖职业知识培训、专业理论技能培训以及社会实践等方面,主要针对专业知识的教学和相关技能的实际操作培训,具备较强的针对性与实用性。职业培训的培养特点首先要结合劳动市场的需求及用人单位的岗位标准,强调专业理论知识与实践的结合,多数采用产教结合的方式,教学内容紧紧围绕生产,进而保证培训的实效性。职业培训还具有较强的灵活性,在培训方式上采取联合办学、委托培训、定点定向培训等方式,并且培训期限没有固定限制,根据受训者的情况而决定。

(三)农村劳动力职业教育培训

农村劳动力职业教育培训是针对农村劳动力而展开的职业教育培训,由技能培训和职业教育两个部分组成。它与职业教育的教学理念是相同的,都坚持着"以人为本、因材施教、科学管理、文化塑造"的教学理念,也同样遵循着校企合作、产教结合的办学模式。但是在培训对象、培训内容以及培养模式方面与普通的职业教育培训存在着一定的差异。

首先农村劳动力职业教育培训主要是针对农村户籍人口和部分非农村人口但是想从事农村生产管理工作的人员。培养对象的范围存在一定的灵活性,农村劳动力职业教育的培养对象主要包括以下几类人群:农村新生劳动力、农村留守农民、农村转移就业人群、返乡创业农民工以及从事农村生产工作的城市人口,农村劳动力职业教育培训要将农村劳动力培养成具备现代生产技能和经营能力的复合型人才。

由于农村劳动力在年龄及文化程度方面存在一定差异,所以针对不同群体的培训机构也是不同的。通常情况下,新生劳动力会进入全日制职业教育学校进行学习,而承担其他成年农村劳动力职业教育培训的机构一般为县级职教中心或一些中级职业技术学校。

对农村成年劳动力职业教育培训采用"弹性学制、半农半读、农学交替"的培训模式,它不同于职业技术教育学校。受训者根据自己的时间和职业需求来选择职业教育培训的模式,一般采用自愿报名和短期职业培训的模式,快速提升其某一方面的职业技术。现阶段,部分农村劳动力职业教育培训机构已经启动终身服务制,即受训者在结束一段时间培训后的学习成效会被追踪,在未来有培训的需要,可以进行职业培训的继续教育。

在不同地区、不同培养对象之间,针对农村劳动力职业教育培训的内容也会存在一定的差异,根据不同农村劳动力职业的需求设置不同的培养内容。对于留守农民群体的培训内容在涉农专业培训方面通常与当地特色产业相结合,保证受训者可以学有所用。同时增设食品加工业、服务业、管理类等涉及二、三产业的教学科目。对于返乡创业农民工和具有创业意愿的劳动力设置创业技能培训项目。针对农村转移就业人群的培训内容通常与城市劳动力市场需求相结合,培训其实现成功转移就业的技能。

(四)教育扶贫工程

党的十九大,是在全面建成小康社会决胜阶段、中国特色社会主义发展关键时期召开的一次十分重要的大会。其承担着谋划决胜全面建成小康社会、深入推进社会主义现代化建设的重大任务,事关党和国家事业继往开来,事关中国社会主义前途命运,事关广大人民根本利益。2013年7月,国务院办公厅转发教育部等部门《关于实施教育扶贫工程的意见》的通知,强调要加强集中连片特困地区的教育工作,到2020年使片区基本服务公共水平达到全国平均标准,在基础教育、职业教育、高等教育、继续教育等方面全方位提升教学质量,保证片区人民群众通过接受教育实现脱贫致富,共同增收。随后,在2016年12月,教育部、民政部、国务院扶贫办等六部门又一次下发《教育脱贫攻坚"十三五"规划》的通知,在通知中指出,将通过教育帮助特困地区人民群众精准脱贫为基本策略,在对特困地区人民群众给予教育资金及政策扶持的保障下,加强基础教育工作,通过开展职业教育提升其教育脱贫能力,帮助该群体全面实现技能脱贫,阻断贫困代际传递。因此,实施教育扶贫工程,是帮助我国贫困人口脱贫致富的根本之策,也是阻断贫困代际传递的根本途径。

人力资本理论认为,在导致贫困的众多因素中,人所接受的知识和具备的能力是决定贫富的关键,穷人在很大程度上是由于人力投资机会的缺失或遭受挫折而导致的贫困,因此要摆脱贫困,最根本的方法在于对贫困人口进行人力投资。一般情况下,政府、社会、家庭将教育投资作为人力投资的一项重要内容,教育也同时成为社会成员间实现就业机会平等、收入分配均等的重要手段。因而,习近平总书记在关于教育扶贫的论述中首先提出教育是帮助我国贫困人口脱贫致富的根本之策,并且强调"坚定实施科教兴国战略,始终把教育摆在优先发展的战略位置",认为优先发展教育是我国脱贫攻坚战略的基础,要"通过'扶教育之贫'来推动贫困地区教育事业优先与快速发展,办好人民满意的教育"。教育是家庭富裕的依靠,是促进贫困地区经济发展的保障,也是个体发展的关键渠道,是促进贫困人口脱贫内生动力的重要因素。"治贫先治愚,把下一代的教育办好,特别是把贫困山区孩子的教育办好,把贫困地区的孩子培养出来,才是根本的扶贫之策。"教育扶贫是提高贫困地区群众综合素质,帮助其掌握脱贫致富的能力,提升该群体自身的造血能力,其产生的效益要远大于物质扶贫,可以使得贫困人口终身及代际受益。

在我国贫困人口的各种表现形式当中,"贫困家庭内部那些容易致贫的相关条件和因素由父母传递或影响子女,从而导致子女在成年后复制了父母的贫困,形成代际流动固化"的代际传递现象,这是十分严重的,在贫困家庭的致贫因素当中教育的缺失是十分重要的。习近平总书记认为"越穷的地方越难办教育,但越穷的地方越需要办教育,越不办教育就越穷"。更加突出地说明教育的缺失只会导致贫困的恶性循环,教育是阻断贫困代际传递的重要途径。习近平总书记指出:"发展乡村教育,让每个乡村孩子都能接受公平、有质量的教育,阻止贫困现象代际传递,是功在当代、利在千秋的大事","扶贫必先扶智,让贫困地区的孩子接受良好的教育,是扶贫开发的重要任务,也是阻断贫困代际传递的重要途径"。贫困家庭的子女通过接受教育改变贫困思想,提升综合素质,得到更多的就业机会和公平收入,进而实现脱贫致富,是阻断贫困代际传递的有效方法。

二、农村劳动力职业教育培训的目标任务

(一)服务于农村现代化建设

2012年党的十八大提出"四化同步"的发展战略,在2017年党的十九大会议中又明确指出"坚持推动新型工业化、信息化、城镇化、农业现代化同步发展"。农业现代化发展成为新时期"四化同步"的重要组成部分,也是"三农"工作的主要任务。

习近平总书记在2015年两会期间参加吉林代表团审议时指出,要突出抓好加快建设现代农业产业体系、现代农业生产体系、现代农业经营体系三个重点,并且加快培育新型农业经营主体。为农业现代化发展指明了方向,就是要建设产业、生产、经营管理现代化的农村。实现这一目标需要"硬件""软件"协调配合。其中"硬件"部分包括国家政策扶持、资金补助、社会各界的帮扶、高科技设备的引进,而"软件"就是农村可以使用先进生产工具、运用先进管理模式的人才。打造具备高技能的农村人才则需要通过职业教育来实现。在《国家中长期人才发展规划纲要(2010—2020)》中针对农业现代化发展提出,"以提高科技素质、职业技能和经营能力为核心,以农村实用人才带头人和农村生产经营型人才为重点,着力打造服务农村经济社会发展数量充足的农村实用人才队伍"。因此培育符合农业现代化发展的新型乡村人才成了新时代农村劳动力职业教育的主要任务之一,农村劳动力职业教育培训在农业现代化发展的背景下,承担着"为农"服务的使命。

农业现代化的生产模式区别于我国传统的农业生产模式,在进行农业现代化发展过程中"要实现传统农业改造,必须引进现代农业生产要素,现代农业要素的提供者主要是专业研究人员,农民的作用是作为新要素的需求者来接受这些要素"[①]。这就要求农村劳动力学习更多的现代农业生产经营技能。根据我国现代农业生产经营方式将农村劳动力分为三类:第一类是具备一定劳动能力并且希望继续从事于农业生产工作的人群,第二类是在农村地区已经实现创业的产业带头人,第三类是具有一定文化素质并且愿意从事第二、第三产业工作的人群。农村劳动力职业教育培训就是要使得第一类人群通过接受新型农业生产技术、高科技生产工具的使用以及新型农作物生产方式的培训,由过去粗放型单一产品的低效率生产转化为集约化多种产品高质量生产。职业培训对第二类劳动力要增强创业及企业管理能力的培训,推荐其参加各类创业致富带头人培训工程,带动周围贫困人口实现脱贫致富。职业教育培训对第三类劳动力要加强第二、第三产业的技能培训,使其可以完成各类新型农业经营主体中制造和服务类工作,帮助其解决就业问题。

(二)促进新型城镇化发展

党的十八大中明确提出了"新型城镇化"的概念,新型城镇化也就成了我国经济社会发展的必然趋势。新型城镇化是以城乡统筹、城乡一体、产业互动、节约集约、生态宜居、和谐发展为基本特征的发展。新型城镇化发展是实现我国城乡融合发展,缩小城乡差距的必然途径。习近平总书记曾提出:"解决好人的问题是推进新型城镇化的关键,城镇化最基本的趋势是农村富余劳动力和农村人口向城镇转移。从目前我国城镇化发展要求来看,主要任务是解决已经转移到城镇就业的农业转移人口落户问题,努力提高农民工融入城镇的素质能力,提高高校

---

①舒尔茨(Schultz,T.W.).改造传统农业[M].北京:商务印书馆,1987.

毕业生、技工、职业技术院校毕业生等常住人口的城镇落户率,而不是人为大幅吸引新的人口进城。"可见新型城镇化的发展要坚持以人为中心的发展理念,要将工作重心转移到提高新进入城镇的农村人口素质、解决农业转移人口落户问题上来。

新型城镇化的发展为农村劳动力职业教育培训提出了新的发展目标,就是要实现农村劳动力的市民化,即提升城市转移就业人群的综合素质和就业能力。习近平总书记提出:"推进以人为核心的城镇化,提高城镇人口素质和居民生活质量,把促进有能力在城镇稳定就业和生活的常住人口有序实现市民化作为首要任务。"这里的"有能力在城镇稳定就业和生活的常住人口"主要是指农村富余劳动力以及在城镇化进程中出现的农村社区居民,这类人群是农村劳动力职业教育培训在新型城镇化建设当中的主要培养对象,为更好地融入城镇生活中,对职业技能的需求更为明显,培养其在城镇实现稳定就业和生活的能力是新时代农村劳动力职业教育培训的主要目标之一。为促进这一目标的实现,农村劳动力职业教育培训对农村富余劳动力及农村社区居民的培训要在两方面进行。一方面,根据培养人群的职业需求及城镇地区劳动力市场情况设置职业培训内容,帮助劳动力在城市实现成功转移、转岗就业。另一方面,培训内容要添加对这类人群进行文化素质、思想建设方面的内容,全方位提高转移就业的劳动力综合素质,使其尽快融入城市生活。

三、农村劳动力职业教育培训的重要意义

(一)提高农村劳动力就业能力

农村劳动力职业教育培训是针对农村劳动力人口进行的职业技能培训,受训者进行职业技能培训是希望通过培训获得适应劳动力市场需要的技术,进而获得更多的就业机会和收入的提高,从而提高生活质量,消除贫困,实现物质生活的富裕。近些年来,随着农村劳动力职业教育的发展和改革,培训规模及体系更加专业,专业设置与市场的衔接更加密切,全国各地越来越多的农村劳动人口选择职业教育培训,生活水平和就业能力得到了理想的改善。

(二)促进农村"空心化"问题的解决

1978年改革开放以来,乡村地区进入现代化的进程中,农村"空心化"问题开始出现,并且在20世纪90年代更为突出。有学者研究认为,农村"空心化"现象主要分为五个部分,主要包括:农村人口方面"空心化"、农村地理方面"空心化"、农村经济方面"空心化"、农村基层政权"空心化"、农村公共性"空心化"。新时代农村劳动力职业教育培训在解决农村人口"空心化"及农村经济"空心化"两方面起到了推动的作用。

农村劳动力职业教育培训在理论方面是符合治理"空心化"的逻辑需求的。长期以来,我国农村地区的经济产业是以农业为主的,但通常会出现所生产的产品无法满足市场需求的问题,从而导致农村地区经济发展落后,人才外流。农村地区出现"613899"(儿童、妇女、老人)的现象,加剧了农村地区经济发展落后的状况。党的十九大会议中提出乡村振兴战略,对新农村的建设提出了产业兴旺的发展要求。推动农村地区产业发展的核心动力还是当地的劳动力,这也成了新时代农村劳动力职业教育培训发展的重要意义。新型职业农民是农村劳动力职业教育培训的培养对象中一项重要组成部分,主要是将他们培养成适合当地特色产业发展的涉农专业人才和企业管理人才,适应新型的农业发展模式,打造"一乡一品"的特色产业链。职业培训通过提升劳动力的职业技能促进当地的经济发展,在解决农村经济方面的"空心化"问题中起到了推动作用。

(三)推动乡村振兴战略的实施

在党的十九大报告中提出了实施乡村振兴战略,这是新时代"三农"工作的总抓手,也为新时期农村地区经济、政治、文化、生态文明等方面指明了发展方向。

乡村振兴战略的关键是要实现"以人为中心"的发展,并且坚持"产业兴旺、乡风文明、治理有效、生活富裕"的基本原则,从提高农业产量发展到实现农业绿色发展,从提升农民的生活质量到重视其精神文明建设,这一切都离不开农村地区经济的迅猛发展。而经济的增长与农业技术的发展是息息相关的,农业技术的提升则离不开高技能、高素质的农村劳动力,更离不开职业教育培训对农村劳动力的培育。

乡村振兴战略的实施是要建设具有农村特色的产业结构,用产业的兴旺来带动农村人民的生活富裕。因此产业兴旺是实现乡村地区振兴的前提,而农村地区产业的兴旺离不开人才的支撑。2018年3月,习近平总书记参加十届全国人大一次会议山东代表团审议时强调,要推动乡村人才振兴必须要把人力资本开发放在首要位置,这充分地证明乡村振兴的首要任务是人才振兴。农村劳动力职业教育培训是要将农村劳动力培养成一支"懂技术、会经营、通管理"的"三农"工作队伍,结合当地特色地理结构及特色产业设置涉农专业培养内容。同时加大第二、第三产业的专业培训,通过农村人口劳动技能的提升及各类人才的培养,促使农村地区特色产业迅猛发展。各类新型农业经营主体、创业项目、创意农业、乡村旅游、乡村文化等产业链相继出现,农村地区经济发展逐渐摆脱以农业生产为主的模式,实现产业多样化、规模化发展,为乡村振兴战略的实施奠定了坚实的经济基础。

乡村振兴不仅是经济的振兴,同时也是思想、文化、乡风的振兴。美国学者奥斯卡·刘易斯通过研究发现,贫困地区的贫困群体在与贫困环境相适应的过程中会自然而然地形成安于现状、屈服于自然、不思进取的生活态度,并内化为这类群体的行为准则,从而形成了"贫困亚文化"。这种"贫困亚文化"不仅会强化贫困者的生活状态,并且会将这样的特有文化传递下去。一直以来,国家对于农村的贫困地区大多数情况下采用"输血模式",在直接的经济帮扶下帮助农村贫困地区摆脱贫困现状,但由于该地区人口缺乏造血能力,并且在精神上没有要摆脱现状的意识,造成大多数地区返贫现象比较严重。农村劳动力职业教育是对农村人口进行文化教育与专业技能的双重教育,在保证受训者通过培训后具备"造血"能力的同时,提升自身的文化修养,在思想境界方面促使其彻底摆脱"贫困亚文化"。通过文化课程和思想政治课程的教育,满足农村人口的精神需求,改善农村地区人口的精神面貌和生活方式,促使农村人口在经济、生活、思维模式上同时实现振兴发展,促进乡风文明、移风易俗的发展,全方位地推动乡村振兴战略的实施与发展。

第二节 现代农村劳动力职业教育培训的理论基础

一、经典马克思主义职业教育培训思想

(一)职业教育促进人的全面发展

马克思在《1844年经济学哲学手稿》中初次提出"人的全面发展"学说,批判了资本主义社会将儿童变为工人,在机器生产的时代,机器又取代了软弱的工人,剥夺了人的全面发展,并同时提出,只有共产主义社会才能做到人以一种全面的完整的方式,占有自己的全部本质。马克思在《德意志意识形态》中正式使用了"人的全面发展"这一概念,站在历史唯物主义的角度,科学地分析了人的全方位发展,并且明确地提出了"人的全面发展是人的各种能力的发展"。马克思认为完整的人的发展不应该是在资本主义社会背景下,人作为单一的机器或者一种工具的发展,而应该是各种能力、社会关系、个性化发展的集合体。

因此,要实现人的全面发展,需要在培养人的过程中实现教育与劳动的结合,而职业教育可以直接地提高人的能力的开发,促进人的全面发展。正如马克思在《资本论》中提出:"未来教育对所有已满年龄的儿童来说,就是生产劳动同智力与体育相结合,他不仅是提高社会生产的一种方法,而且是造就全面发展的人的唯一方法。"这里讲的"生产劳动同智育与体育相结合"就是现代社会中职业教育培训对受训者的教育模式,采取技术培训与文化教育双管齐下的教学方法,同时培养学生的动手能力,全方位开发受训者的能力,在一定程度上实现了人的全面发展,符合新时代对于人才德智体美劳全面发展的标准。马克思在《共产党宣言》中科学地论证了职业教育与人的全面发展之间的关系,指出要把教育同物质生产结合起来,同时还强调"代替那存在着阶级和阶级对立的资产阶级旧社会的,将是这样一个联合体,在那里,每个人的自由发展是一切人的自由发展的条件"。这里指出职业教育是对儿童未来教育发展的一个方向,在共产主义的社会里,教育是全方位的,服务于人的全面发

展,是未来社会发展的模式,同时也指明了未来教育的发展方向。要将教育与生产相结合,在根本意义上为职业教育的萌芽和发展奠定理论基础和指导方向。

(二)教育要与社会实践相结合

马克思认为,人可以通过实践来认识社会、改造社会,教育是作为人与社会所有关系总和当中的纽带。人与社会的发展都离不开教育,需要教育与实践相结合才可以实现人自身的发展和社会结构的进步。

马克思在《关于费尔巴哈的提纲》中批判了费尔巴哈和一切旧唯物主义不理解实践的意义,无法正确解释主体与客体之间的关系,进而提出了自己新的世界观。马克思第一次提出实践是社会生活的本质,并且明确地阐述了社会实践是历史发展的动力,在认识世界和改造世界的过程中起到了决定性的作用。

在《共产党宣言》中,马克思提出:"取消现在这种形式的儿童的工厂劳动。把教育同物质生产结合起来。"在这里马克思强调了教育要与物质生产相结合,也就是文化理论与实践的结合是培养人的根本方法。职业教育培训的培养目标一直秉持着理论与实践相结合的方式,使受训者通过技术教育或者理论方面专业的知识,在实践方面可以利用所学的理论解决现实中的问题。马克思曾明确指出:"技术教育,这种教育要使儿童和少年了解生产各个过程的基本原理,同时使他们获得运用各种生产的最简单的工具的技能","把有报酬的生产劳动、智育、体育和综合技术教育结合起来,就会把工人阶级提高到比贵族和资产阶级高得多的水平"。马克思认为工人阶级的水平高于资产阶级是因为他们懂得实践是认识社会、改造社会的根本方法,而理论教育是实践的支撑。职业教育使二者实现有机地结合,进而对于工人阶级自身能力的提升和发展起到了推动的作用,这也是共产主义社会发达于资本主义社会的根本原因。列宁提出:"没有年青一代的教育和生产劳动的结合,未来社会的理想是不能想象的;无论脱离生产劳动的教学和教育,或是没有同时进行教学和教育的生产劳动,都不能达到现代技术水平和科学知识现状所要求的高度。"生产劳动和教育教学二者是相辅相成、合作共生的关系,脱离实践的教育教学对社会生产是没有现实依据的,而不具备理论的生产劳动也无法匹配社会的劳动生产效率。工人阶级只有通过职业教育培训,采用实践与教育相结合的方法,才可以解放生产力,在实现自身的全面发展的同时,推动社会的发展和生产力的提高。

(三)职业教育促进生产力发展

生产力是人类生产和创造社会财富的一种能力,在人类认识世界和改造世界的过程中积累实践与创新经验。生产力的发展和进步推动着社会历史进程的发展。马克思认为无产阶级属于生产力的主体,在社会主义建设的体系中,无产阶级所创造的财富是属于劳动者本身的,也是社会发展的组成部分之一。所以提高生产力的劳动技能是推动社会生产力的必然条件和方式。

马克思认为教育与生产劳动的结合是改造社会最强有力的手段之一。要使具有人的一般本性的工人发展成专门的发达的劳动力,需要进行一定的劳动部门的技能培训,进而实现工人的多方面发展,这是社会发展的普遍规律,同时也是改造和推动社会生产发展的有效途径。在资本主义社会,资本家为了获取更多的劳动剩余价值,通过提高劳动生产率来缩短必要劳动时间和加快资本周转速度的方法来达到目的。资本家提高劳动生产率一方面采取对劳动力进行相应的技能培训,提高劳动力的生产率;另一方面采取机器生产的方式,用机器取代普通人工劳动力的方法提高劳动生产率。无论是劳动力本身的技能提升还是机器时代中机器的使用,都属于劳动者对生产劳动与教育结合的过程。在资本主义社会,通过对劳动者进行技能培训的方式使资本家在获得更多的剩余价值的同时也推动了劳动力自身能力的提高、科技的进步以及社会的发展。马克思认为在阶级剥削消失后,无产阶级劳动者所创造的财富属于劳动者本身,属于全社会共同财富的一部分,劳动者自身的进步是社会进步的潜在动力。因此对劳动力进行职业技能培训在任何社会属性当中都是提高劳动生产率、促进社会生产力发展的必然途径。

恩格斯曾指出:"过去的资产阶级革命向大学要求的仅仅是律师,作为培养他们的政治活动家的最好的原料;而工人阶级的解放,除此之外还需要医生、工程师、化学家、农艺师及其他专门人才,因为问题在于不仅要掌管政治、机器,而且要掌管全部社会生产,而在这里需要的决不是响亮的词句。"工人阶级获得解放后,社会的发展方向是在实现人的自由全面发展的基础上实现社会的全方位发展,因此对于人才的需求不再局限于律师、政治家,而是需要多方位人才的支撑。无产阶级劳动者是对社会全部生产资料的掌管者,社会向更高的等级发展,劳动者作为共产主义社会的主人,要在社会各个领域发挥作用,促进社会生产力的进一步提高和发展,需要提升自身的能力和修养,在通过接受理论教育与实践相结合的方法下实现自身工作效率提高的同时促进社会生产力的发展。

综上所述,在经典马克思主义理论中,职业教育是将理论与社会实践相结合、促进人的全面发展及社会生产力提高的一种教育模式,其教学理念和方法是符合马克思唯物主义观点和唯物史观的。经典马克思主义职业教育培训思想对农村人口进行职业教育培训实现其自身的全面发展、帮助该群体达到脱贫致富的目标以及带动贫困地区经济增长具有指导意义。

二、中国化马克思主义职业教育培训思想

(一)教育要与生产劳动相结合

长期以来,我国是人口大国也是农业大国,农村人口的民生问题一直是我国经济发展的重要组成部分,而教育承担着重要的角色。

在新民主主义时期,对于"职业教育"的概念还不够清晰,也没有被社会大众所广泛接受。在当时一般采用传统的文化教育的模式,学生不参与社会实践劳动。1920年3月7日,毛泽东对旧教育模式提出了批判,认为:"现在的中国社会,是受教育的人不能做工,做工的人不能受教育,所以教育几成一种造就流氓的东西;做工不受教育,所以职业几成一种造就奴隶的东西。"可见旧教育的观点是不符合马克思的人的全面自由发展理论的。脱离了教育的实践工作,使劳动者逐渐沦为一种固定模式的生产工具,就像永动机上的齿轮,只会渐渐地被磨损消耗。而脱离了实践的教育,培养出来的只是"教条"的人,没有实践经验的支撑,所发表的言论是没有科学依据的,也是站不住脚跟的。因此,缺乏实践的教育是没有实用价值的教育,这一观点与黄炎培的"美国教育的最大优点是实用"的观点是一致的。职业教育是将教育与谋生结合在一起,脱离了实践的教育会导致学校毕业的学生无法谋生。毛泽东在当时受到了杜威的"教育即生活,学校即社会"的理论影响,提出了"教育与职业合一,学问与生计合一"的观点。

在中华人民共和国成立后,国家百废待兴,各行各业都需要不同的人才来支援建设,教育是生产人才的唯一途径。1958 年 9 月 10 日,毛泽东强调"党的教育工作方针,是教育为无产阶级政治服务,教育与生产劳动相结合",这一理论的提出,确立了教育与生产劳动相结合在我国教育方针中的地位,成为社会主义教育的发展方向。教育与生产劳动相结合也充分展示了马克思唯物主义的观点,从中国国情出发,采用"理论联系实际"的方法发展适合中国国情的教育。在中华人民共和国时期,农村人口基数庞大并且人均收入水平非常低,发展职业教育是提高国家生产力和人民生活水平的最快方式。毛泽东提出将"教育与生产劳动相结合"作为社会主义教育的一项基本方针,并且提出"学校办工厂,工厂办学校"的思想。在这一思想的指引下,兴起了一批半工半读、半农半读的农业中学、共产主义劳动大学等,这些学校是现在农村劳动力职业教育培训机构的原型,也为现在农村职业教育培训的发展奠定了基础。

(二)农业生产与科技教育相结合

中华人民共和国成立时,我国成为世界上贫困人口最多的国家,也是世界上文盲最多的国家之一,其中农村人口中所占的文盲比重是最大的。而我国一直是以农业生产为主的国家,在没有科学技术的支撑下,农村人口的生活状况将一直处于贫困状态,国家的发展也会受到抑制。根据当时的状况,邓小平认为"农村不稳定,整个政治局势就不稳定,农民没有摆脱贫困,就是我国没有摆脱贫困"。所以即使城市建设地再漂亮,没有农村的经济基础,国家依然得不到全面的发展。为了更好地发展农业生产,将农业生产与教育相结合是至关重要的。邓小平对农村地区的教育问题一直保持高度关注,认为农业的发展要依靠科技,而科技的进步要依靠教育,并在当时提出要深化农村教育的综合改革。

1977年5月24日,邓小平指出:"办教育要两条腿走路,既注意普及,又注意提高。"这里的"普及"是要普及基础教育,而"提高"是要提高教育质量。"两条腿"就是中国的农村教育要做到正规教育和业余教育"两条腿"走路,其中的业余教育包括职业教育和成人教育。因此在农村教育的综合改革过程中"三教"统筹成为当时结构调整的重点内容,即将基础教育、职业教育、成人教育三者结合起来。基础教育要普及,要从传统的应试教育转为素质教育,全方位提升农村人口的综合素质;而职业教育与成人教育是相互交叉的,就是要在农业技术工作中的实用技术方面对农村人口进行培养,通过理论与实际相结合的方式对农村人口进行教育,在提高素质的同时,培养其掌握高科技的农业及其他方面的职业技能,从而促进农村劳动力的生活水平及社会生产力的提高。同时"三教统筹"的改革措施也为"燎原计划"的实施奠定了基础。

在邓小平教育思想的指导下,结合当时"三教"统筹的改革措施,为了推进农村地区教育的改革发展,促进农村经济的发展和社会的进步,1988年国家教委正式部署实施"燎原计划",计划要求普及并提高义务教育的教学质量,同时要开展与农村当地经济相适应的职业教育培训以及管理技能知识的教学,配合农业、科技等部门,开展以当地实验技术为主的技术培训活动等。"燎原计划"的实施是要培养一批有文化、懂技术、会经营管理的高素质农村劳动力,要将农村教育的改革与社会生产力的发展和农村经济相结合,使科技成为推动农业生产的动力,人才作为社会生产力的支撑点,通过基础教育与职业教育的培养实现"科教兴农"。

1988年9月,邓小平对于农科教结合的思想进行了论述:"将来农业问题的出路,最终要由生物工程来解决,要靠尖端技术。对科学技术的重要性要充分认识。科学技术方面的投入、农业方面的投入要注意,再一个就是教育方面。我们要千方百计,在别的方面忍耐一些,甚至于牺牲一点速度,把教育问题解决好。"在邓小平的论述中明确指出科技与教育的重要性,认为未来农业的发展需要一大批有文化、懂技术的农村劳动力来推进,并将对农村劳动力的科学技能教育工作摆在首要位置,为农村劳动力职业教育的发展奠定了坚实的理论基础。

(三)职业教育是人力资源开发的重要组成部分

2014年6月,习近平总书记在全国职业教育工作会议中提出:"职业教育是国民教育体系和人力资源开发的重要组成部分,是广大青年通往成功成才大门的重要途径,肩负着培养多样化人才,传承技术技能,促进就业创业的重要职责,必须高度重视,加快发展。"职业教育的发展已经由过去的"大力发展"转变为现在的"加快发展",意味着我国的职业教育已经由过去的扩大规模和数量的发展转变为现在的提高质量的发展。

新时代中国特色社会主义已经进入一个新的阶段,国家各个部门和领域都为实现全面建成小康社会、实现中华民族的伟大复兴而奋斗。习近平总书记站在我国经济社会发展、人力资源开发以及人的自由全面平等的发展角度,提出职业教育要在做到"服务发展、促进就业"的同时实现维护社会公平。

习近平总书记在2015年4月28日庆祝五一国际劳动节大会上的讲话中提出:"劳动者素质对一个国家、一个民族发展至关重要","提高包括广大劳动者在内的全民族文明素质,是民族发展的长远大计"。在这里习近平总书记指出国家的发展取决于劳动者的素质与能力,地区的发展也离不开高素质、高技能劳动力的支撑。我国农村地区要快速发展经济,帮助贫困人口摆脱贫困,这一切都离不开劳动力的支持。而职业教育是可以实现高效提高劳动力综合技能和素质的方法,承担着新时期实现劳动力个人价值和服务地区经济发展的重要使命,是我国经济社会发展的力量源泉。

"就业"是关系到我国国计民生的根本问题,也是事关人民对美好生活向往的一项重要因素。在2018年公布的《中国人才发展报告(No.4)》蓝皮书显示,我国高级技工只占整个产业队伍中的5%,相比德国、日本的50%、40%,高级职业技术工人是我国产业结构中的一项缺口,也是中国职业教育与德日之间的差距。习近平总书记认为职业教育是广大青年通往成功成才大门的重要途径,而成才的前提是要解决劳动力就业的问题。职业教育的培养目标是帮助劳动力实现成功就业,为岗位的需要培养人才。在我国的劳动力群体中农村劳动力是最为特殊和重要的对象,帮助其实现稳定就业是帮助该群体脱贫致富、提高生活质量的有效途径,因此农村劳动力职业教育培训更需要实现"促进就业"。在新时代职业教育培训体系中采取"顶岗实习""产教结合"实习的培训模式,有效地促进了解决劳动者就业问题,使职业教育成为一项学有所用的有效教育途径。

社会公平是人们对美好生活的向往中一项重要的内容,而实现就业、教育平等是社会平等的基础。"人人皆可成才"是唯物史观中人才观的基本体现,实现人的自由全面发展也是共产主义的一项基本特点。习近平总书记在一系列的会议和讲话中提出:"要加大对农村地区、民族地区、贫困地区职业教育支持力度,努力让每个人都有人生出彩的机会","发展乡村教育,让每个乡村孩子都有接受公平、有质量的教育,阻止贫困现象代际传递,世功在当代,利在千秋的大事"。新时代我国区域发展不平衡的问题依旧存在,由于经济的不平衡发展导致贫困地区人民接受种种机会不平等的对待。新时代农村劳动力职业教育培训要肩负起提高农村劳动力职业技能提升的责任,帮助该群体解决就业问题,实现除农业以外的其他稳定收入,为农村人口营造"人人出彩,人人皆可成才"的公平环境,同时帮助其实现社会地位公平的美好愿景。

综上所述,在中国化马克思主义职业教育培训思想中,认为职业教育要与科技及生产劳动力相结合,该观点与经典马克思主义职业教育培训思想中教育要与社会实践相结合是一致的,都认同教育的根本用途是要将理论付诸实践,认可并支持职业教育理论与实践相结合的培养模式,并且指出职业教育的成效是要促进我国人力资源的开发,认为人力资源的发展壮大是促进经济发展的根本,与经典马克思理论中职业教育促进生产力提升的观点是一致的。

第三节 现代农村劳动力职业教育培训的内容举措

一、雨露计划培训工程

(一)雨露计划的启动

雨露计划扶贫工程是由国务院扶贫办主导并推进的,它是在贫困地区劳动力转移就业培训工程的基础上发展过来的。雨露计划是国家专项扶贫工作当中的重要内容,采取政府主导、社会各方面积极参与的模式,提升贫困地区劳动力的就业创业能力,使贫困地区劳动力通过接受职业教育培训、创业培训、农业技术培训,提高综合素质,进而达到发展生产、增加收入、实现物质生活满足的目标。

在雨露计划实施启动前,国家对农村贫困地区劳动力通过开展农民实用性专业技术培训解决就业创业问题进行了相关部署。2001年6月13日,国务院颁布《中国农村扶贫开发纲要(2001—2010)》,并强调要"加强贫困地区劳动力的职业技能培训,组织和引导劳动力健康有序流动"。随后,国务院扶贫办在2004年6月7日至8日召开全国贫困地区劳动力转移就业培训工作座谈会,提出要优先培训特困地区劳动力,并根据市场的需求设定职业培训学校的专业,给予接受过职业教育培训的贫困人口一定的经济补助,同时相关的政府部门要加大对贫困人口进行职业教育培训的监管。2005年6月25日至26日,国务院扶贫办召开全国贫困地区劳动力转移就业培训工作现场经验交流会,首次提出雨露计划的实施战略构想,并在湖北、河南等省区首先开展试点工作。此后,贫困地区劳动力转移就业培训工程正式更名为雨露计划。2006年10月24日,雨露计划的启动仪式在北京正式举行,这意味着雨露计划培训工程的正式启动。

(二)雨露计划的内容

雨露计划的初期培训方式属于中短期培训,针对贫困地区的新生劳动力进行短期的职业技术技能培训,提高贫困地区劳动力的就业创业能力,阻断贫困的代际传递,实现稳定增收。2010年12月,在国务院、中央军委颁布《关于加强退役士兵职业教育和技能培训工作的通知》后,民政部负责贫困地区退伍士兵的职业技能培训。此后,雨露计划的工作内容则转为以下四大工程:贫困家庭新生劳动力职业教育培训助学工程、贫困家庭青壮年劳动力转移就业工程、贫困家庭劳动力扶贫产业发展技能提升工程、贫困村产业发展带头人培养工程。

其中贫困家庭新生劳动力职业教育培训助学工程的培养对象,主要是国家贫困家庭中初中毕业生,或高中毕业后不再进行不同高等教育继续学习的应届、往届生,年龄一般分布在16~25岁(即"两后生")。针对"两后生"的培训,主要通过自愿报名的形式,省级扶贫部门选择教学质量、就业率较好的职业学校,采用委托培训或者联合办班的形式,对报名的培训人员进行为期至少一年的中高级职业技能培训,同时负责统一的就业管理和就业后跟踪服务。参加培训的在校生除国家规定的政策补助以外,中央财政扶贫资金还会进行一定的资金支持,各地区可以根据当地情况提高补助金额。

贫困家庭青壮年劳动力转移就业工程的培养对象是国家中西部地区贫困家庭中希望通过职业技能培训外出就业的劳动力。主要分为两类:一类是由于没有经过职业技能培训导致具备转移就业的愿望却没有劳动技能的人员,只能滞留在农村;另一类是已经实现转移就业的人员,希望通过职业技能培训提升自身劳动技能,针对转移就业劳动力的职业技能培训一般属于中长期职业培训,时间一般在3~6个月,最长不超过1年。各地扶贫部门选取教学质量、就业前景好的培训机构作为培训基地,对受训者进行订单式培养。根据不同的培养目标,采取不同的培养措施。针对未实现转移就业的滞留人员,开展以获得中级以上的从业技能证书为方向的技能培训;对于已经实现转移就业的人员,开展提升其从业资格等级的岗位培训。贫困家庭劳动力扶贫产业发展技能提升工程培养对象是各贫困地区参加农产种植、养殖业的技术人员,农村经济人,物流人员以及参与农民产业组织的管理人员。采用各省、市、县共同参与各高等院校与科研部门联合的培训方式,由各扶贫部门以贫困村为单位选送培训对象,并集中参与培训。针对当地产业发展的需要,将受训者培养成农村实用人才。

贫困村产业发展带头人培训工程的培养对象是各地区贫困村党支部或者村委会的负责人,也包括贫困村中组织能力较强,并且具有一定规模产业的可以带动贫困村脱贫致富的带头人。市、县各级扶贫部门按照省级为单位,选送培训对象,集体培训。国务院扶贫办结合财政部等部门,在全国范围选定若干个培训基地,采取联合办学与委托培训相结合的方式,在各级党校、职业学校中选定培训机构。

(三)雨露计划的成效

雨露计划自2006年启动以来,大大地提升了我国劳动力通过职业技能脱贫致富的能力。根据调查:贫困家庭新生劳动力职业教育培训助学工程使得每个国家扶贫开发工作重点县每年培养200名新生劳动力;贫困家庭青壮年劳动力转移就业工程可以使西部贫困地区劳动力每年实现转移就业达到60万人次;贫困家庭劳动力扶贫产业发展技能提升工程实现全国各省每年培养的贫困地区扶贫产业实用人才达到10万人次;贫困村产业发展带头人培训工程使得国家每年培训贫困村带头人达到300人次以上,各省区每年组织贫困村产业发展带头人培训的人数不少于1000人次,极大地提升了贫困地区劳动力脱贫致富的能力。调查结果表明,经过雨露计划扶贫培训的贫困劳动力与未经培训外出务工的相比,平均月收入高400元以上。截至2018年底,全国累计补助贫困家庭新成长劳动力528万人,其中:中职教育276.4万人,高职教育198.8万人,技工教育52.8万人,能带动近2000万贫困人口脱贫。根据数据调查显示,2018年南宁市推进雨露计划教育扶贫工程,其中投入职业学历教育3419万元,补助2.2796万人次;短期技能培训以奖代补投入236.48万元,奖补2956人;农民实用技术培训投入24.82万元,培训6146人次。2019年广西壮族自治区再次明确雨露计划补助条件和标准,指出在广西农村建档立卡贫困户中存在进行职业学历教育和普通高等教育的子女,均可以申报雨露计划补助。2019年参加普通高校本科学历教育并取得全日制学籍的新生将获每人一次性补助 5000 元；2019 年接受中高等职业学历教育的学生将获每人每学期补助 1500 元。2019 年广西贵港市港北区雨露计划扶贫培训补助发放共计 2305 人 383.56 万元。其中：发放贫困家庭"两后生"参加中期就业技能培训扶贫培训学员 8 人 2.2 万元；举办了 10 期农民实用技术培训班，398 位贫困户参加培训；发放短期技能培训以奖代补 97 人补助 7.744 万元。通过数据统计可以发现雨露计划培训工程，使大多数贫困地区劳动力获得了可以实现稳定收入的劳动技能，提高了自身的生活质量，有效地实现了阻断贫困的代际传递，为贫困地区人民的脱贫致富和全体人民的共同富裕创造了有利条件。

二、农村青年创业致富"领头雁"培训工程

（一）农村青年创业致富"领头雁"培训工程的启动

农村青年具备勇于拼搏、不甘于现状的创新精神，并且对于新兴科学技术具有较强的领悟力，可以在社会群体中产生良好的社会动员效果，是农村致富带头人的首要人选。在农村青年创业致富"领头雁"培训工程启动前，团中央在多次会议和活动中提到要加快提高农村青年创业致富的能力，并在政策和资金方面给予相应的扶持。2009 年 5 月，由共青团中央、中国农业银行共同签署了支持农村青年创业合作协议，展开对农村青年创业的金融扶持工作，大幅度地解决了农村青年创业过程中的资金瓶颈问题，为农村青年通过创业实现脱贫致富提供了财政支援和保障。

在《共青团工作五年纲要（2009—2013）》中提出要加强对农村青年和进城务工青年的培训，开展"订单式"的科技培训和技能素质培训，帮助他们提高发展现代农业、务工经商能力，培养一大批农村青年致富带头人，从此开展了对农村青年创业实用技术的培训。在国家对农村青年创业资金的扶持下，接受培训的农村青年创业人数呈现逐年递增的趋势。

2014 年 2 月 7 日，共青团下发了《中国共产主义青年团中央委员会办公厅关于实施农村青年创业致富"领头雁"培养计划的通知》。在通知中指出，在普遍开展创业小额贷款、实用技术培训的基础上，充分发挥农村青年致富带头人在新型农业生产经营体系中的领导作用，决定启动农村

青年创业致富"领头雁"培训计划。这意味着农村青年创业致富"领头雁"培训计划的正式启动。

（二）农村青年创业致富"领头雁"培训的内容

农村青年创业致富"领头雁"培训计划（以下简称"领头雁"计划）正式启动后，共青团在2014年2月7日下发了《中国共产主义青年团 中央委员会办公厅关于实施农村青年创业致富"领头雁"培养计划的通知》，在通知中确定了农村青年创业致富"领头雁"培训工程是以农村青年人、返乡创业青年、大学生村官为主要培训对象，并在全国范围内5年时间里培养100万名带头人，通过他们带领更多的创业农民走上致富之路。

"领头雁"培训计划的主要工作内容是对已经被列入"领头雁"培养计划当中的人选，要经过创业培训、金融服务、结对帮扶、考察交流、搭建平台等培养路径进行培训。每位受训者的培训周期为1~2年，培训结束后，县级团委对培训人员进行考核，将达到省级团委所制定的带头人标准、具有较强带头能力和示范作用的优秀培训人员确立为带头人，并颁发由团中央统一设计的"领头雁——农村青年创业致富带头人"证书。

首先，通过团组织与当地高质量的职业技术学校、农业园区、企业等社会组织合作的形式，成立市或县级农村青年创业就业培训基地。通常情况下，每个市或县至少设立一个农村青年创业就业培训基地。针对当地已被列入培养计划的所有人员在种植、孵化等农业技术和电子商务、农业现代化社会服务等方面进行专项培训。其次，依托有影响力的农村青年创业致富带头人协会会员，成立省级培训示范基地。最后，在各个市或县级培训基地当中选择优秀创业领头人到省级创业培训基地接受特定培训机构的专业高端培训。一般情况下，要求培训人员在培训周期内至少参加1～2场此创业培训。

同时加强与银行金融机构的合作，为培训人员提供创业小额金融贷款服务，降低培训人员创业成本。根据实际要求，使每一位接受培训的人员在培训期内至少获得一笔小额贷款的扶持。

各级县团委与培训人员保持密切联系，关注培训人员的日常生活及身体状况，及时了解培训人员的需求并提供相应的支持和帮扶。市级团委与当地高等院校和科研机构的农业专家及农业技术人员取得联系,并设立专家团队,创建导师机构,对培训人员展开结对帮扶的扶持政策。要求为每名培训人员分配1名专家作为创业导师,传授经验并提供创业指导。在培训人员接受培训期间,发达与不发达地区之间通过项目合作、对话交流、联谊座谈等方式进行交流互助合作。每名培养对象在培养期内至少要进行一次考察交流行动;为了更好地促进培训人员的创业发展,通过与银行、电商等机构的合作,为培训者提供了广阔的创业平台。

(三)农村青年创业致富"领头雁"培训的成果

农村青年创业致富"领头雁"培训计划自2014年启动以来,成效显著。2018年10月,共青团印发《共青团投身打赢脱贫攻坚战三年行动的意见》,指出设立1亿元创业扶助专项资金,搭建青年创业服务云平台,提供创业培训、市场对接等培训服务,助力深度贫困地区农产品上行,通过培训扶持青年创业带动贫困群众增收。农村青年创业致富"领头雁"培训计划联合阿里、京东、苏宁等知名电商,持续推动"千县万村、百万英才"项目;联合京东认定"青年电商创业孵化中心"33家;同时成立中国青年电商联盟,累计培训青年电商人才52万名。各省区根据各地实际情况相继开展"领头雁"培训计划,其中湖南省、广西壮族自治区通过"领头雁"培训计划,实现了带动当地贫困群众增收的目标。

2016年湖南省长沙市在长沙团市委的推动下,农业创业者联合会(农创联)成立,在聘请农业专家到各乡镇举行论坛、讲座的同时,组织农村创业青年到国内外农业发展领先区域考察,帮助推进农村青年创业工作。通过培训当地村民建立了"湘品入俄"经贸平台,截至2019年1月,平台由最初的20家企业发展到300家,建立了12个签约出口基地,收益达3000多万美元,惠及500余名茶农,增收约1400万元。广西自启动农村青年创业致富"领头雁"培训计划以来,截至2019年2月共培养现代青年农场主1400多名,学员遍布全区14个市108个县(市、区),分别从事种植、养殖、农产品加工及农村电商等行业。根据抽样调查统计,在640个新型经营主体中,农业企业有153家,农民合作社有336家,家庭农场有

124家。经统计,学员所在经营主体年产值平均1401万元,平均带动贫困户140人;147名学员所在经营主体参与现代特色农业示范区创建,其中41家被评为自治区级现代特色农业示范区、23家被评为市级示范区。

三、创业致富带头人培训工程

(一)创业致富带头人培训工程的启动

创业致富带头人是我国农村地区实用人才队伍的重要组成部分,是当地先进生产经营模式的代表。目前,我国扶贫开发工作任务艰巨,在城镇化和工业化进程的推进下,贫困地区出现青壮年劳动力持续向外流失、"三留守"、"空心化"的现象,因此,对创业致富带头人的培训工作至关重要。创业致富带头人培训工程是对贫困地区从事创业工作或有意向从事创业工作的人群进行创业技能、扶贫带动能力的培训,并由他们带动贫困户实现增收脱贫的专项扶贫工作。

在创业致富带头人培训工程启动之前,蓉中村因为"不靠山、不临海、没有矿,人均不到一分耕地",但在村党委书记李振生的带领下,摘下贫困村的帽子,实现村民人均收入达22300元,并创造东部带动西部,先富带动后富的典范。因此,经国务院扶贫办批准,由闽、甘、宁三省扶贫办联合开设了以蓉中村为主体的贫困村创业致富带头人培训基地。2014年10月31日,福建省南安市梅山镇蓉中村,来自甘肃、宁夏、湖北、福建四省区贫困村的90名学员开始了为期一个月的创业致富学习,这标志着由扶贫办发起的首期全国贫困村创业致富带头人培训工程正式启动。

国家启动对创业致富带头人的培育工程是帮助我国农村贫困地区实现群众稳定收入脱贫致富的重要举措,保障其可以起到为农民提供有效信息、指导新型生产经营模式、激活本村的经济、带领村民共同致富的作用。

(二)创业致富带头人培训工程的内容

创业致富带头人培训工程按照"先富帮后富"的理念,采用"政府主导、多元参与、产业引领、精准培养"的工作途径,目标是每个贫困村培养3~5名具有创业能力并且可以带动贫困村创业致富的带头人。

创业致富带头人培训工程的主要工作任务是将县级部门审核通过的人员确定为培训人选，并在各级政府和扶贫单位选择的培训网点对学员进行精准创业能力、跟踪孵化创业、带动扶贫对象增收的指导培训，同时采用跟踪管理的办法进行跟踪。

创业致富带头人培训工程对培训者的精准创业能力培训工作首先要精心设置培训内容。要做到"坚持培训内容与当地扶贫产业布局相结合，与市场需求相结合，与创业实践相结合"。创业培训内容要结合培训人员当地特色产业和市场方向，按照创业方向、创业阶段进行有层次、分专业的针对性教学。同时结合培养内容的要求设置有关创业理念、创业能力、创业政策、扶贫政策的专业，并在课程中安插成功的创业案例，以激发学员的创业激情，学习新型创业方法。培训时间按照各地具体情况而定。培训过程中实行学分制管理，对学员的理论学习、实习课程和创业设计进行科学评价。

创业致富带头人培训工程对受训人员进行跟踪孵化创业，主要包括三方面内容：一是根据创业带头人的实际情况和所在村子的特点选择创业项目；二是招募扶贫创业导师跟踪辅导；三是优化创业环境，也就是借鉴农业创业园、创业孵化器等成功经验，为贫困村创业创造条件，并通过电子商务平台或开展展销会的形式，拓宽创业产品的销售渠道，帮助其实现增收。

带动贫困对象增收是创业致富带头人培训工程的重要任务，其工作内容主要包括以下四个方面：一是基层扶贫部门要与创业致富带头人签署目标责任书，强化其扶贫的责任意识；二是创业带头人根据当地实际情况采用解决就业、提供生产条件等方式帮助贫困对象实现增收，并激发双方参与的积极性，实现互利共赢；三是建立激励约束机制，对按照要求完成脱贫帮扶工作的带头人给予创业支持；四是各基层扶贫部门及村两委会对带头人的扶贫工作进行监督，并对其目标责任书的承诺内容的完成情况进行客观评价。

（三）创业致富带头人培训工程的成效

创业致富带头人培训工程自2014年启动以来，各省区相继实施，按照"东部帮西部，先富帮后富"的基本理念，创业致富带头人培训工程在助力脱贫攻坚工作中取得了较大的成绩。以粤桂两省区贫困村创业致富带头人培训为例,"两广"以粤桂两省区贫困村创业致富带头人培训基地——广东佛山市南海区九江河清培训基地为依托,采取致富带头人培训跟着产业培训走的"双培育"模式,推进创业致富带头人培训项目。根据数据统计,自2015年至2018年3月,粤桂两省区贫困村创业致富带头人培训已选定区级培训基地2个、市级11个、县级81个,聘请创业导师374人,共培育致富带头人8133名,实现创业3770人,共带动1.5万多户贫困户脱贫。"两广"在对创业致富带头人培训过程中,将资金、技术、信息、市场和管理进行有效结合对接,使培训内容与扶贫产业有效结合,保障创业带头人创业的有效性和带动性,为解决当地人群就业创业提供大量机会,有力地促进了贫困地区人口脱贫致富。

四、农民工返乡创业培训计划

(一)农民工返乡创业培训计划的启动

随着新型城镇化的发展,城市地区的就业压力越来越大,返乡创业成为更多群体的选择,国家为支持大众创业也颁布了一系列相关政策。

2015年6月16日,国务院办公厅下发了《国务院关于大力推进大众创业万众创新若干政策措施的意见》,在意见中指出"推进大众创业、万众创新,是发展的动力之源,也是富民之道",激励更多的有能力、有梦想的高校毕业生、农民工、退役军人等通过返乡创业实现增收,促进乡村地区的经济发展。同时意见还提出支持返乡创业聚集发展,鼓励返乡创业人员融合乡村特色,围绕休闲农业、乡村旅游、农产品深加工等业务开展创业,深深地激励了返乡人员的创业激情。

为更好地推动农民工群体返乡创业,国务院办公厅于2015年6月21日下发《国务院办公厅关于支持农民工等人员返乡创业的意见》,为农民工返乡创业指明了具体的创业方向并提出相应的扶持政策,努力为返乡创业群体提供良好的创业环境。

在乡村振兴战略的实施和国家发布的关于支持农民工返乡创业的支持政策下,越来越多的农民工和大学生返乡创业。为了提升返乡创业人员的创业能力,保证其成功创业的根本目标,2016年6月13日,人力资源社会保障部、农业农村部、国务院扶贫办行政人事司、共青团中央办公厅、全国妇联办公厅五部门联合印发了《关于实施农民工等人员返乡创业培训五年行动计划(2016—2020)》,标志着农民工返乡创业培训计划正式启动。

(二)农民工返乡创业培训计划的内容

农民工返乡创业培训计划通过对返乡人群当中具有创业意愿的人员提供创业扶持政策和与精准扶贫、精准脱贫紧密结合的创业培训及创业服务,提升其创业能力,使具有创业愿望的农民工都可以参加一次创业培训,有效提升他们的创业水平。

农民工返乡创业培训计划首先通过各地政府的资金和政策扶持,建设创业培训基地,并组建师资队伍,同时利用各类创业培训师资的培训项目,加强师资队伍建设。在培训内容方面先对培训对象进行基本信息及创业意向的信息统计,再根据统计数据当中返乡农民工不同的创业需求、特点、地域经济特色开展有针对性的创业培训,主要以生产性农业服务和生活性农业服务为创业培训项目重点,同时依据培训人员的创业阶段采取多层次培训方法。在采取实体性创业培训的同时也要积极开展互联网创业培训,通过对农民工开展电子商务培训,推动其运用"互联网+技术"创办电商企业,拓展实体产品销售渠道。在对农民工进行创业指导培训的基础上帮助其建立与农民创业园或乡村旅游聚集地等创业孵化机构对接机制,促使其将培训所得运用到创业行动中,实现稳定创业。为及时掌握培训人员在接受创业培训后的状态,开展其后续跟踪扶持服务,积极帮助创业人员改善管理、开拓市场,全方位地提升培训人员的创业成功率。

(三)农民工返乡创业培训计划的成效

农民工返乡创业培训计划自2016年实施以来,各省区相继启动该计划,吸引了大量的农民工、大学生等人群返乡创业,通过培训提升创业技能,降低创业失败风险,带动当地人口脱贫致富,培训成效显著。下面以吉林省农民工返乡创业培训为例。根据数据调查显示:截至2019年8月底,吉林省农民工等人员返乡创业累计达9.9万人,比上年底增加1.3万人,直接带动就业40多万人;2019年7月末,全省农民工等返乡创业人员数量累计达9.54万人,其中农民工占比4.4%,直接带动就业40余万人。数据显示返乡创业农民工已经成为推动吉林省乡村振兴建设的重要力量。为进一步推动返乡农民工的创业工作,省政府每年出资2000万元,专项用于支持农民工返乡创业基地建设。截至2018年末,全省累计创业基地149个,其中63个创业实训基地全部向农村返乡创业者开放。全省累计创业服务平台5926个,已为3.82万名创业者提供现场服务,累计培训各类返乡创业带头人2.6万人。通过对农民工返乡创业培训,全省已累计建设省级农民工返乡创业示范县24个,创办各类经济实体5.63万个。农民工群体在政府的扶持下接受返乡创业培训,解决了自身就业问题的同时也带动周围人群共同创收,实现了脱贫致富、共同富裕。

五、新型职业农民培育工程

(一)新型职业农民培育工程的启动

伴随我国农业现代化的发展,各类新型农业经营主体、特色新型农业生产方式相继出现,进一步加大了对农村劳动力数量和质量的需求。但在新型城镇化的背景下,农村劳动力向城市流动或向非农产业转移,造成农业后继乏人的困境。面对现状,打造一批高素质的新型职业农民队伍是解决这些问题的核心要素。2012年农业农村部在全国100个县启动新型职业农民培育试点工作,探索新型职业农民的培养模式,为新型职业农民培育工程的启动奠定基础。2014年,为计划培养一批新型职业农民,中央财政安排下发11亿元补助。同年的7月4日,农业农村部举办新型职业农民培育工程管理培训班暨全国农广校省校校长工作会,新型职业农民培育工程正式启动。

(二)新型职业农民培育工程的内容

新型职业农民培育工程在选择培训对象时,以县为主展开调查,按照新型农业经营主体和农业社会化服务主体发展情况、农业产业发展需要,建立培育对象数据库,以农民自愿的原则报名。展开分类型、分产业、分等级的培训,设置培训模块及提升新型职业农民生产经营能力和综合素质的培训内容。根据新型职业农民的不同类型,新型职业农民培育工程分为新型农业经营主体带头人轮训计划、现代青年农场培训计划及农村实用人才带头人培训计划。新型农业经营主体带头人轮训计划是以专业大户、家庭农场经营者、农民合作社带头人、农业龙头企业负责人和农业社会化服务组织负责人等为该计划的主要培训对象,对该群体进行管理经营能力培训,并给予政策扶持、跟踪服务,支持其多种发展形式的规模经营,力争五年时间轮训一遍。

现代青年农场培训计划是以18~45岁具有中等教育及以上的返乡创业农民工、中高等院校毕业生、退役士兵、农村务农青年为培训对象,并对其开展培训两年跟踪服务一年的培训。在进行职业技能、创业培训的同时,给予其政策扶持、创业孵化、培训指导。农村实用人才带头人培训计划以贫困地区农村两委干部、产业发展带头人、大学生村官为主要培训对象,采用"村庄是教室,村官是教师,现场是教材"的培养方式,通过专家现场授课、交流研究的方式,提高农村带头人的带动能力。

(三)新型职业农民培育工程的成效

新型职业农民培育工程自2014年正式启动以来,培训成果显著,资金补助及培训人数逐年递增。根据数据显示,中央财政自2014年起每年安排11亿元的专项资金,2017年,中央财政安排资金每年已达15亿元。截至2018年,中央财政累计安排资金共计70.9亿元。在中央财政示范的带动下,各地财政投入也纷纷加大,据不完全数据统计,2017年地方各级财政投入达10亿元,生产经营型职业农民补助3000元左右。新型职业农民培育工程自启动以来,2017年全国已登记入库的新型职业农民培育工程基地总数达7210个,教材开发500余种。在国家财政支持和培训规模逐渐扩大的背景下,越来越多的农民接受新型职业农民培训,根据数据调查,2017年全国新型职业农民超过1400万人,新农人达200万人,其中示范性培育人数达100万人,"百万中专生计划"累计培养人数超过110万人。2018年全国新型职业农民数量已突破1600万人口。农民通过接受培训,在思维模式、生产方式等方面进行全方位的提升,将新技术和管理方法投入新型农业生产当中,运用新理念经营新农村生活,通过技能培训在实现个人增收的同时带动了当地的产业发展。

第四节 现代农村劳动力职业教育培训的境遇及对策

一、新时代农村劳动力职业教育培训的机遇

(一)国家实施科教兴国战略

长期以来,我国的经济增长动力主要是依靠资源、廉价的劳动力和资金发展粗放式的经济,导致产业结构不合理、生产技术落后、经济增长质量不均等问题相继出现。面对这样的发展现状,1995年5月,中共中央、国务院做出《关于加速科学技术进步的决定》,并首次提出"科教兴国"战略。科教兴国战略的提出,标志着我国将教育事业放在国家发展工作中的重要位置,是建设新时代教育强国的基础。习近平总书记指出:"要坚定实施科教兴国战略,始终把教育摆在优先发展的战略位置","优先发展教育事业,建设教育强国是中华民族伟大复兴的基础工程,必须把教育事业放在优先发展的位置"。坚持发展科教兴国战略,将教育工作摆在各项工作中优先发展的位置,是建设新时代教育强国,实现国家经济发展和中华民族伟大复兴的重要途径。

科教兴国战略是以"科学技术是第一生产力"为指导思想,将教育与科技相结合。科教兴国战略的实施是提高国民思想当中教育的重点,通过教育将中国从人口大国转化为人才强国,在实现自身价值的同时促进国家经济的繁荣发展。这一战略的提出,为我国农村劳动力职业教育培训也提供了机遇。

科教兴国战略提出要"尊重知识""尊重教育",这一理论的提出使得我国农村劳动力多年不重视教育和科技的情况得到了很大的改善。长期以来,我国农村地区由于受到传统农业生产方式的影响,读书无用论的观点一直深入人心。科教兴国战略的实施充分证明了科技的重要性,更指明教育是可以掌握科技并实现经济发展的重要途径。这促使农村人口在思维模式上逐渐开始发生转变,由所有人都坚持的"读书无用论"慢慢转化为"知识改变命运"。因此,农村劳动力开始重视科技,愿意通

过教育来提高农业生产和生活质量。在农村劳动力当中，开始接受涉农类的新型科技设备和技术，为了更好地发展自家的经济，主动地进行关于新型农业技术知识的学习。在科教兴国战略发展的背景下，职业教育逐渐增大了对农村劳动力的吸引力，为农村劳动力职业教育扩大生源提供了条件。

有学者认为"人的全面发展学说是马克思主义的最高命题和根本价值"，并"为人类社会的发展描绘了终极的景象"①。科教兴国战略的实施也强调要坚持"以人为本，创新发展"的原则，也就是注重对劳动力的创新精神的培养和各项技能知识的培育，促进其实现全面发展。这为农村劳动力职业教育的教育内容提供了方向，就是通过对劳动力进行职业技能培训的同时开拓其创新能力，并注重综合素质的培养，促进其全面发展。

（二）国家实施人才强国战略

科教兴国战略与人才强国战略是相辅相成的。人才是科技的承载者，而教育是科学技术和人才之间的媒介。因此国家的振兴和发展需要科教兴国与人才强国战略的共同实施。

2000年在中央经济工作会议中首次提出要实施人才战略，这是在提出人才强国战略发展之前对于人才的发展首次提出的构想。在《2002—2005年全国人才队伍建设规划纲要》中首次提出要实施人才强国战略。人才强国战略的实施代表我国的工作重心开始转为建设"人才资源强国"，充分发挥人才在经济社会发展当中的作用。2007年人才强国战略成为发展中国特色社会主义的三大基本战略之一，并写入党章和十七大报告当中，代表着我国将大量的人口转化为可以推动国家经济发展的人力资本，是实现由人口大国转化为人才强国的必要途径。习近平总书记指出："没有一支宏大的高素质人才队伍，全面建成小康社会的奋斗目标和中华民族伟大复兴的中国梦就难以顺利实现。"因此，人才是推动我国全面建成小康社会的动力，而农村劳动力是人才的重要组成部分，也是我国全面建成小康社会的重要因素。所以，农村劳动力职业技能和综合素质的提升工作尤为重要，这为农村劳动力职业教育的发展提供了良好的机遇。

---

①俞可平.人的全面发展：马克思主义的最高命题和根本价值[J].马克思主义与现实,2001(5):28-29.

2006年,在国务院办公厅下发的《关于进一步加强高技能人才工作的意见》中指出"高技能人才是我国人才队伍的重要组成部分""加快高技能人才的发展是推进人才强国战略的重要内容"。在2007年的《政府工作报告》中也明确指出"尊重生产劳动第一线的技能型人才"。人才强国战略的实施,提升了技能人才的社会地位,强调其在社会发展当中的重要性,间接地加强了职业教育对农村人口的吸引力。农村劳动力的意识领域里逐渐增添了对职业教育的认可,一部分农村新生劳动力在不继续接受普通教育的情况下,开始选择职业技能培训,这为农村劳动力职业教育队伍发展壮大提供了机会。

习近平总书记指出:"要加快实施人才强国战略,确立人才引领发展的战略地位,努力建设一支矢志爱国奉献、勇于创新创造的优秀人才队伍。"李克强总理在2016年的《政府工作报告》中首次提出"工匠精神",也就是要求:新时代的劳动者要在思想上坚持敬业爱岗、无私奉献;在行动上要专注技能学习,掌握创新方法、提高工作效率。创新发展思想和"大国工匠精神"的提出为农村劳动力职业教育的发展提出了新的要求,也为其技能培训的进一步提升和职业教育的优质发展提供了机遇。在人才强国战略中创新和工匠精神的引领下,职业培训在专业设置、师资队伍、课程内容、对学员的考核评价等方面都要做到创新与精准相结合,培训效果得到显著提升。例如,农业技术人员根据当地的特色在实践中探索出超过所学技术的更适合当地作物生长的种植或者养殖模式。

在2006年《关于进一步加强高技能人才工作的意见》中"呼吁社会各界参与职业教育的建设发展,提倡校企合作的模式",促进职业教育的多元化发展,并且在人才强国战略的实施中还提出要进行人才引流,也就是要将城市或经济发达地区的人才引进到农村或经济不发达地区进行经济建设,来实现市场资源配置的均衡发展。在社会支持、人才引流的作用下,农村劳动力职业教育培训的师资队伍、先进的科学技术、教学管理模式等方面都吸收到更多的新鲜血液,为提高农村劳动力技能培训水平、促进其实现成功就业提供了有利条件。

(三)国家实施乡村振兴战略

党的十九大首次提出乡村振兴战略,并将其作为新时代解决"三农"问题的总抓手和农村地区的发展方向。在乡村振兴发展战略中最关键的是解决人、地、钱的问题,其中人是制约乡村发展战略实现的核心要素。因此,实现乡村振兴战略的发展主要是要解决农村人力资本的积累问题。

在十九大报告中提出城乡融合发展的问题,这也是乡村振兴战略实施过程中的一个要素。1847年马克思最早提出了城乡融合这一概念,认为融合发展是城乡发展的终极目标。城乡融合发展代表我国原有的城乡二元制发展体系逐渐消失,新的基于融合发展理念的城乡发展体制机制和政策相继形成,其中包括农村劳动力职业教育培训。在城乡融合发展的理念下,对于城乡职业教育资源进行了整体规划,在资金投入、硬件设备、师资队伍、就业指导等要素方面都进行了合理划分,进行充分流通互动,为农村劳动力职业教育培训提供了实现教育公平的机会。

"三农"问题一直是全党工作问题中的重中之重,也是制约我国农业现代化建设的主要因素。在乡村振兴战略的实施过程中,也坚持着农业农村优先发展的方针政策。随着农业农村优先发展的势头在农村地区越来越兴盛,各种特色产业、新型农业经营主体相继出现,农村劳动力为实现除农业生产以外的收入,开始走向创业的道路,各种要素流动都在促进农村地区的经济发展。但无论是要素流动,还是特色产业的发展,都离不开有力的人才支撑,并且对多种技能型人才的需求越来越大,培养出"一支具备知识、技能、创新能力的农业经营者队伍"成为新时代农村劳动力职业教育的目标,对农村劳动力职业教育培训丰富学科建设提供了机遇。

随着乡村振兴战略的实施,农村地区经济发展效果显著。在城乡融合发展的理念下,城乡间差距逐渐缩小,吸引了大量的在城市打工的劳动力返乡。例如,返乡农民工、大学生等。返乡人群在没有接受过职业技能培训的情况下,无法快速融入农村经济发展建设当中,因而他们对职业教育培训具有更大的需求。另外,随着农村地区土地流转的发展,越来越多的城市人口选择在农村购买或者在农民手中租用土地,进行自我耕种,体验乡村生活。对于新融入农村地区的城市人口来说,大多数群体是不具备农业生产经验的,同样需要职业技能培训。乡村振兴战略的实施为农村劳动力职业教育培训生源的扩大提供了机遇,并为其循环的良性发展提供了契机。

二、新时代农村劳动力职业教育培训的挑战

(一)新"读书无用论"观点的萌生

在国家坚持推动科教兴国、人才强国战略的背景下,"读书无用论"的思潮在我国农村人口的意识当中逐渐被淡化。但是近些年来,学者研究发现,在农村地区贫困家庭当中新"读书无用论"思潮泛滥。这种思潮的出现主要表现为贫困家庭劳动力对教育及科技的不信任、读书无法实现其预期结果及无读书意愿等现象。

我国农村地区贫困家庭大多数存在延续多年传统农业的生产方式、劳动生产率较低、生活水平低下的问题。在面对新型技术时,农民真正关心的是体现了知识进步的要素中所固有的新型风险和产量的不确定性。在劳动生产率较低的情况下,劳动力抗风险能力是有限的。一般农民不会接受学习风险性不确定的技术,更不会将其运用到生产当中。由此,在贫困地区的底层劳动力心中产生新"读书无用论"思潮。在传统农业生产方式的影响下,农村贫困的涉农劳动力对新型技术充满不信任并且对职业教育培训产生排斥心理,成为农村劳动力职业教育涉农专业培训发展的阻碍。

农村地区的青少年是农村劳动力群体的重要组成部分,是帮助农村地区贫困家庭脱贫致富的主体,更是农村劳动力职业教育发展的原动力。但是对于这类人群来说,"读书"只代表接受普通义务教育和高等教育,认为"上大学"是其脱贫致富的唯一途径,而职业教育不属于读书的范畴。在1990年以前,通过高等教育可以获得"单位制"中的"铁饭碗",而职业教育无法实现如此成效,所以在大多数农村家长和青少年群体中更接受普通高等教育。根据北京大学中国教育财政科技研究所2008年4月—2009年12月在西部某省41个国家级贫困县农村初中学校对2216名

初中二年级学生随机进行的跟踪调查发现,"只有约20%的学生初中后打算'上中等职业学校'。就实际教育选择结果来看,只有1/4的学生选择了中等职业学校,而40%的学生选择了普通高中。"由此看出,职业教育对学生的吸引力是不足的。1990年后,高等教育的"单位制"被取消,打破了农村劳动力"读书改变命运"的梦境。"当读书不能保证⋯⋯好工作等社会流动机会时,普通的底层居民很难对读书持乐观积极的态度和投资的热情"[①]。因此,在贫困家庭当中"新读书无用论"的思潮萌生,普通教育和高等教育对农村青少年的吸引力迅速减弱,职业教育的处境也就更为艰难。在读书的作用被弱化而职业教育又处于读次等书的意识领域下,农村劳动力职业教育对农村新生劳动力的吸引力处于微弱状态,致使农村劳动力职业教育培训的招生工作阻碍重重。

(二)农村劳动力职业教育发展不平衡问题

新时代,伴随着乡村振兴战略的发展,农村地区的经济产业结构发生了翻天覆地的变化,对于农村人口的技能需求也日益提升,为农村劳动力职业教育培训带来了新的挑战。

在十九大报告中,习近平总书记指出现阶段我国的基本矛盾已经转变为"人民日益增长的对美好生活的需求与不平衡不充分发展之间的矛盾"。证明我国不平衡发展的问题一直存在,而农村劳动力职业教育培训也存在着发展不平衡的问题,这是新时代农村劳动力职业教育培训的一项重要挑战。

现阶段,我国农村劳动力职业教育培训不平衡发展问题主要表现在:供需发展不平衡问题、区域发展不平衡现象。

农村劳动力职业教育培训供需不平衡的问题主要表现在两个方面:一方面是职业技能培训内容无法满足劳动市场的需求;另一方面体现在职业培训内容无法满足劳动力的职业技能需求。

职业技能培训内容无法满足劳动市场的需求主要表现在对农村富余劳动力的培养当中。在新型城镇化的背景下,越来越多的农村富余劳动力选择去城市就业,他们通常不具备除了传统农业生产以外的其他技

[①]谢爱磊.“读书无用”还是“读书无望”——对农村底层居民教育观念的再认识[J].北京大学教育评论,2017,15(3):17.

能,如果不经过专业的技能培训,在城市的生产工作中只能作为低廉的劳动力,从事无技术的体力劳动,无法适应城市的生活。因此,农村富余劳动力对职业技能培训的需求很大。而农村劳动力职业技能培训机构在针对这类人群的培养过程中,存在比较严重的无效或低效培训的现象,导致劳动力结束培训后依然无法解决就业问题,成为制约农村劳动力职业教育培训发展的阻碍之一。

造成这一问题出现的原因主要包括以下三方面:一是职业学校或培训机构为了追求更大的利润,设置一些比较受学生欢迎的专业,例如,金融专业、市场营销等。但由于师资力量薄弱,教学内容单一等原因,劳动力所接受的培训内容并不能满足城市市场对于劳动力的需求,造成毕业就失业的现象。二是办学机构在进行专业设置和培训内容时,没有对城市劳动力市场的需求进行调查分析,盲目设置专业,许多专业与城市职业教育学校的相重复,例如:美容美发、厨师等。造成大量类似专业的劳动力涌入市场,市场供大于求的现象严重。三是农村劳动力职业教育培训在产教融合方面的工作不够充分,间接地导致培训内容不符合市场需求。在《关于深化产教融合的若干意见》中指出"提高行业企业参与办学程度,健全多元化办学体制,全面推行校企协同育人"。通过产教融合、校企合作的培养模式,在增强办学机构的基础设施和提高师资队伍能力的同时,根据合作企业的需求订单式培养学生,解决受训者的就业问题。但是,由于农村劳动力职业教育的办学机构对社会吸引力不足、投资周期较长、回报率低等问题的存在,导致产教融合不充分,影响学生的就业水平。

在农村劳动力职业教育培训当中另一个供需不平衡问题是劳动力对于职业技能的需求与培训内容之间的矛盾。由于新时期农村劳动力面临着由过去从事传统农业生产的农民转化为懂技术、会经营、通管理的新型职业农民的转变,对农村劳动力职业技能培训的要求也越来越高。劳动力对于职业技能的需求与培训内容之间的矛盾主要表现在职业教育培训内容无法满足继续在农村地区生活工作的劳动力为适应新型产业而需要掌握的技能。

出现这一问题的主要原因包括三个方面:首先,职业教育培训机构在设置涉农专业的培训内容时,没有结合当地的特色产业结构进行专业内容的优化。大多数的培训机构对于农业专业的技能培训的内容大体相同,造成劳动力所学知识无法运用到生产实际当中。其次,由于各类新型农业生产经营主体和农村创业群体的出现,对劳动力的创业管理经营能力也提出了更高的要求。但是一些有关创业经营管理的职业技能培训没有结合当地经营、创业主体的发展模式,普通的企业管理知识无法适用于经营管理当中。最后,伴随着农村地区经济的发展,农村劳动力不再只从事农业生产,还面临着向第二、第三产业的转型。而职业教育培训在针对有关第一、第二、第三产业的专业设置还不完善,导致劳动力转型就业失败。

我国农村劳动力职业教育培训还存在区域发展不平衡问题,主要表现在东西区域发展不协调。

由于我国长期的不平衡发展,导致东部沿海地区的经济产业结构优化于西部地区的发展。农村劳动力职业技能培训的水平也表现出很大的差异。具体表现在办学机构的数量、办学条件、师资队伍方面都存在差异。为了减小东西区域之间的差距,促进经济协调发展,我国于1996年启动东西扶贫协作。人员培训是东西扶贫协作的一项重要工作。因为"西部地区经济开发归根结底是人的智力开发",所以在东西扶贫协作中,东部地区通过多种途径培训西部地区各类人才。

近些年来,国家为促进西部地区职业教育的发展也发布了很多相关政策。例如:教育部出台《南疆职业教育对口支援全覆盖工作方案》和《贯彻落实职业教育东西协作行动计划(2016—2020)实施方案》等一系列政策举措,北京、天津、安徽、山东、上海、广东、江西、江苏、浙江和深圳纷纷行动,加强与西部地区职业教育的对口帮扶工作。在东西扶贫协作的背景下,我国西部地区经济状况得到发展,各类劳动力的工作能力也得到了一定的提升。但是在帮扶效果方面依然没有达到预期中的理想效果。东部地区在对西部人员培训帮扶过程中出现了"壁炉现象",也就是东部地区的职业学校在帮扶中的热情非常高涨,但接受帮扶的地区却表现得比较冷漠。

造成这样"一面冷一面热"的状况主要原因有二:其一,由于东西区域长期的经济发展不平衡和地理结构的差异,导致东部地区所传授的科学技术、生产经验、管理模式等方面的教学内容对于西部地区并不适用。当理论无法运用到实际操作中去时,西部地区的职教培训机构对这样"低效"的帮扶就会产生失望的情绪,进而不利于帮扶工作的进行,造成再次不平衡发展。其二,大多数东部地区学校的帮扶都采用对西部地区直接投入先进的硬件设备的方式,却忽略教师团队培训等软件方面的扶持,导致新型的教学设备没有人员会使用的情况下,出现资源浪费的现象,西部地区职教办学机构依然处于原地不动的发展状态。

三、新时代农村劳动力职业教育培训的对策建议

(一)坚持扶贫与扶志(智)相结合

在我国农村地区贫困家庭的家庭收入中,农业生产占比较重,但由于劳动力受到传统农业生产的影响,存在由于对新型技术不信任而认定"读书无用"的问题。笔者认为,帮助农村贫困家庭摆脱贫困要激发其内生动力,坚持扶贫与扶志(智)相结合。对于农村贫困家庭中存在的"读书无用"思想,应将技能培训、新型技术的实用地位以及技能扶贫等概念种植在农村地区贫困家庭劳动力的意识领域中,使其相信科技也属于生产要素的一部分,是提高劳动生产率、脱贫致富的有效方法。同时,各地政府要鼓励当地贫困家庭劳动力把扶贫开发与智力开发、提高劳动者素质结合起来,调动其参加职业技能培训的积极性,激励劳动力通过教育提升其农业生产技能,转变农业农村生产方式,树立自力更生、艰苦奋斗的脱贫意识,宣传在脱贫致富的路上不能存有"等、靠、懒"的心态,要在扶志与扶智两条道路上同时增强其自身的"造血"能力。

针对农村贫困家庭新生劳动力由于新"读书无用论"而产生更为严重的重普轻职现象,笔者认为应从社会影响和家庭鼓励双重维度下对农村新生劳动力进行思维模式的转化,将职业教育在教育体系当中的重要性及未来的就业前景传输给每一位贫困家庭的青少年,说明所有的教育模式都是为帮助受教育人群实现成功就业,接受职业教育是帮助其解决就业问题,实现技能脱贫及家庭共同富裕的最快方法。在政府及家庭思维

引导的作用下,点燃青少年心中对读书所抱有的希望,实现意识领域的拨乱反正。此外,进一步推进雨露计划培训工程的实施,鼓励农村新生劳动力进入城市的重点高等职业技能培训学校深入学习职业技能,对"两后生"群体采用全日制学历性职业教育的培养方式,培养其成为高级职业技能人员。

(二)构建多层次系统化的劳动力技能培训体系

我国农村劳动力职业教育培训在发展过程中存在诸多问题和挑战,其中最突出的是发展不平衡问题。据调查发现,承担农村劳动力当中的成人群体的职业技能培训的机构一般为农村职业学校、中等职业技术学校。由于我国农村人口数量庞大,即使在国家各项关于农村劳动力职业技能培训工程的帮扶下,也无法实现让每一位农村人口接受到令其满意的职业教育培训。要解决农村劳动力职业教育发展不平衡问题,应该构建多层次系统化的劳动力技能培训体系。丰富承接劳动力技能培训的网点数量,在区域内形成网状培训体系,并将各网点培训内容系统化,实现从"培训"到"培育"的观念转变,将培训作为一个长期的、持续的过程。

根据我国各地职教中心的现状统计,大多数地方政府将县级职教中心作为投资重点。一般每个县级地区设立1~2所职教中心,但乡镇地区设立的职教网点却屈指可数,从而导致农村劳动力培训效果不明显。笔者认为考虑到农村劳动力工作时间、地点的弹性问题及乡镇地区社区的出现,设立以社区为单位的职教培训网点,每个县域内的职教中心作为各乡镇社区培训网点的龙头,协调管理各乡镇社区职教网点的工作,形成区域内网状结构的职教培训体系。

在对农村劳动力职业教育培训机构进行职能划分时,县级职教中心应起到职教信息上下衔接的核心作用。首先,县级职教中心应负责各乡镇社区培训网点的专业设置和培训内容及考核标准,根据劳动力类型设置适合其实际应用的专业。针对新型职业农民当中涉农专业劳动力的培训内容要充分发挥社区教育的地理环境优势,并结合当地的特色产业类型,打造"一乡一品"的农业特色产业。此外,根据各地新型经营主体的经营特点设置新型职业农民当中从事第二、第三产业的劳动力培养内容,保障农村劳动力通过职业培训可以实现学有所用。其次,县级职教中心要高频率、高质量地调查城市就业市场的需求导向,设置高质量的适合农村富余劳动力的专业及培训内容。县级职教中心负责各乡镇社区培训网点"双师型"教师队伍的培训和农村劳动力培训结果的考核机制及评价标准的设定。最后,县级职教中心要承担新型职业农民培训工程的工作或与其他已负责新型职业农民培训工程的机构或学校展开合作,共同负责新型农业经营主体带头人、农村实用人才带头人培训,在培训后通过考核选取成绩优异的创业带头人参加创业致富带头人培训工程。通过构建网状职业教育培训体系,发挥县级职教中心的核心作用,改善农村劳动力过去"学无所教""学无所用"的供需不平衡发展状况。

为了进一步解决农村劳动力职业教育培训中教学内容的供需不平衡问题,增强职业培训对农村劳动力的吸引力,县级职教中心与各乡镇社区职教网点要对所负责的培训对象进行细致划分。在培训对象划分的过程中,县级职教中心与社区职教培训网点展开合作,根据培训人员的从业类型划分工作内容。我国成年农村劳动力主要包括,农村富余劳动力、从事第一、第二、第三产业的新型职业农民、新型农业经营主体带头人、农村实用人才带头人、村两委干部。社区培训网点负责农村富余劳动力和新型职业农民职业技能的初级培训,职教中心主要负责各类带头人、村两委干部及其他群体中经过初级培训达到合格标准的人员的中级技能培训。

在农村劳动力职业教育培训问题当中还存在东西区域发展不平衡的挑战,主要表现在东西扶贫协作中人员培训的工作内容存在低效帮扶的现象。在对农村劳动力职业教育培训帮扶工作的进行中,首先东部地区负责帮扶工作的高等职业学校应组织固定的扶持团队与西部地区各县级职教中心组成帮扶合作关系,再由县级职教中心向各乡镇社区职教网点传达新接受的知识技能,从而形成系统性的帮扶合作体系。在帮扶内容方面,东部地区负责支援工作的职教团队应按照受援地区不同从业类型的劳动力进行分组培训。对于要实现在城市地区转移就业的人群,东部支援队伍首先要咨询各职教中心当地劳动力市场的需求情况,并根据当地的专业特点进行技能传授。关于新型职业农民中涉农专业培训的帮扶工作,东部支援团队应先了解当地地理环境及特色农产品,结合西部各地区独有的资源环境及特产农作物采取适合当地农业发展的技能进行传授,并通过产业的扶持帮助当地劳动力解决就业困境。

(三)将"因材施教"融入农村留守劳动力培训中

伴随新型城镇化的发展,农村地区"空心化"问题日益突出,导致农村地区出现青壮年劳动力向城市地区单向流动的现象出现,造成留守在农村地区的劳动力队伍以老人和妇女儿童为主的局面。农村留守劳动力是农村劳动力职业教育培训的重点对象,但由于其"畸形"的组成结构,也成了农村劳动力职业教育培训的难题。

为了可以充分发挥农村留守劳动力当中老人和妇女的劳动价值,职业教育培训应对该主体采取"按需培训""因材施教"的培训方法。根据老人和妇女群体的家庭属性特点,确立将各乡镇社区职业培训网点作为承担留守劳动力当中老人和妇女的培训机构。县级职教中心在为各培训网点设置专业及培训内容前,对当地留守劳动力当中的老人和妇女进行文化程度和从业意向的调查统计,根据实际情况设置培训方案。

鉴于农村地区大部分的老人和妇女不具备从事高强度体力劳动的能力,并且存在平均受教育程度偏低的现象。笔者认为,将特色本土乡村文化和互联网的培训内容加入该主体的培养方案中,可以发挥其劳动价值的最大效益。随着互联网的普及应用,互联网创业培训逐渐走进职业培训课堂当中,帮助农村劳动力经营网店、做微商,拓宽其收入渠道,但是仍存在由于培训对象主体不明确而导致的无效培训现象。职业技能培训注重的是时效性,要在短时间的高效培训内帮助劳动力实现最大的收益。互联网创业培训需要培训对象具备一定的文化基础,对新型科技知识具备一定的学习能力。培训机构选择具有文化基础的劳动力进行互联网培训可以缩短培训时间,激励培训对象的信心,增强培训效果。因此选择老人和妇女群体当中具有一定文化基础的人群进行互联网创业培训,或推荐该群体参加新型职业农民培训工程、农村创业致富带头人培训工程中的电商创业培训是最佳路径。例如，河南省信阳市吴家店镇的刘付荣，在高中毕业后一直生活在农村，通过互联网创业培训成为一名电商，将山区中的药材做成祛湿排毒的泡脚药包在网上向全国各地销售，实现了年收入20万元。更有许多农村留守劳动力通过学习网络知识在快手、抖音等直播平台销售当地特色农产品，实现其农业生产以外的收入。

在留守老人和妇女当中还存在一部分受教育水平较低、学习能力较弱的群体，他们对网络技能学习存在一定困难。职业培训在针对不具备科学技能学习的劳动力进行培训时，应将当地特色乡土文化融入培训内容当中。"乡风文明"是乡村振兴战略的基本要求之一，乡村地区特色文化的传播是推进乡风文明建设的一项重要手段。随着新型农业经营主体的不断兴起，农家乐、乡村旅游逐渐成为农村地区的热门产业。旅游业的开发可以吸引游客的不只是当地的青山绿水，还包括乡村地区淳朴的风土人情。职业技能培训要对学习能力较弱的留守劳动力进行当地特色文化的表演、手工或厨艺培训，通过他们的肢体语言、手工产品或当地特色小吃传递本土文化，丰富旅游项目，实现自身价值，使其成为特色乡土文化的传播者，让特色乡土文化以物质或表演的形式展现出来。例如，内蒙古自治区兴安盟阿尔山市白狼镇鹿村在综艺节目中被大家熟知，从此进入旅游扶贫阶段。树皮画是白狼镇最具特色的文化产品，并且收入中国非物质文化遗产名录。鹿村通过开设林下产品加工工艺培训班培训当地留守劳动力制作旅游纪念品。职业教育培训通过对农村文化水平较低的劳动力进行有关乡土文化的技能培训并与当地特色产业相结合，在实现农村留守劳动力自身价值的同时，也使乡土文化得以传承，是新时代农村劳动力职业教育培训的价值体现。

参考文献

[1]陈华.教师职业道德教育[M].广州:中山大学出版社,2020.

[2]程洪莉.区域职业教育资源整合的研究与实践[M].北京:现代出版社,2018.

[3]崔邦军,薛运强.大学生入学教育与职业发展规划[M].北京:北京理工大学出版社,2018.

[4]顾馨梅.习近平的职业教育思想探析[J].湖南工业职业技术学院学报,2016,16(5):95-98.

[5]李君.现代职业教育理念嬗变与重塑[J].天津市教科院学报,2018(6):42-45.

[6]李延平,陈鹏,祁占勇.我国当代农村职业教育研究[M].西安:陕西师范大学出版,2018.

[7]刘方.构建与新发展格局相适应的财税制度与政策研究[J].当代经济管理,2021,43(8):82-89.

[8]刘兴平,任慧敏.大学生思想政治教育获得感研究[J].学校党建与思想教育,2021(6):16-18.

[9]刘莹,胡淑红,汤百智.高职院校专业课程目标开发的理念、结构与方法[J].职教论坛,2018(9):67-73.

[10]刘莹.高等职业教育专业课程目标开发的实践研究[D].石家庄:

河北师范大学,2018.

[11]卢兆强.以科学史为平台开展大学生人文素质教育的研究[D].石家庄:河北师范大学,2015.

[12]马永涛.高等职业教育"十三五"规划教材 现代办公自动化[M].北京:机械工业出版社,2019.

[13]孟庆男.习近平职业教育发展思想论析[J].辽宁高职学报,2021,23(10):1-4,56.

[14]莫荣.关于加强劳动者职业精神教育培训的思考[J].教育与职业,2019(20):51-52.

[15]荣长海.职业教育现代化导论[M].天津:天津社会科学院出版社,2019.

[16]申爱民,张轩.高职人才培养目标解析与重构探索[J].当代职业教育,2020(6):75-81.

[17]申雪.思想政治教育视阈下大学生职业价值观教育认同研究[D].重庆:重庆工商大学,2019.

[18]宋飞琼.大力发展农村职业教育的三个假设[J].职业技术教育,2015(30):31-35.

[19]王殿军.科学教育的内容和形式是提升学生科学素养的关键[J].科学与社会,2017,7(3):14-16.

[20]吴香珍.完善职业教育体系,推动职业教育高质量发展[J].新教育时代电子杂志(教师版),2020(5):256,253.

[21]严建英.争鸣文化:助推学校良性发展[J].辽宁教育,2019(6):77-78.

[22]喻忠恩.黄炎培职业教育思想[M].太原:山西人民出版社,2019.

[23]张博.诺尔斯成人学习理论对我国教师教育培训的启示[J].中国成人教育,2017(13):135-137.

[24]张东.陶行知职业教育思想研究[M].成都:西南交通大学出版社,2017.

[25]张国威.基于社会主义核心价值观的大学生职业生涯教育研究

[J].和田师范专科学校学报,2020,39(2):72-76.

[26]张健.高等职业教育整合论[M].北京:教育科学出版社,2015.

[27]郑建辉,王雄伟.农村劳动力转移过程中的管理与创新研究[M].长春:东北师范大学出版社,2015.

[28]朱德全,熊晴.职业教育现代化发展的逻辑理路:价值与路向[J].云南师范大学学报(哲学社会科学版),2021,53(5):103-112.